Wilhelm Preger

Dantes Matelda

Wilhelm Preger

Dantes Matelda

ISBN/EAN: 9783744639682

Hergestellt in Europa, USA, Kanada, Australien, Japan

Cover: Foto ©ninafisch / pixelio.de

Weitere Bücher finden Sie auf **www.hansebooks.com**

Dante's Matelda.

Ein akademischer Vortrag

von

Wilhelm Preger.

München
Verlag der k. Akademie.
1873.

Die Frage, welche geschichtliche Persönlichkeit Dante im Auge gehabt habe, als er die typische Gestalt seiner Matelda schuf, könnte vielleicht als eine müssige angesehen werden. Denn was hat es mit dem fertigen Kunstwerk zu thun, wenn ich weiss wo der Künstler die Farben zu seinen Figuren gekauft hat? Aber es handelt sich ja hier nicht um todte an sich gleichgültige Stoffe. Dante's Werk kann nur aus seiner Zeit heraus lebendig begriffen werden, der es Spiegel und Richtmass zugleich sein will, und hinwieder würden wir in dieser Vieles von Bedeutung übersehen, wenn wir sie nicht mit den Augen ihres grossen Interpreten, mit Dante's Augen ansehen würden.

Auch könnte für uns die aufgeworfene Frage leicht noch ein besonderes Interesse gewinnen, falls sich ergeben sollte, dass nicht bloss Dante der Ghibelline, der Politiker, sondern auch Dante der religiöse Denker ein nicht unwesentliches Element seiner Anschauungen deutschem Einflusse verdanke.

Die älteren Ausleger und auch neuere, wie unter andern Philalethes, haben in Dante's Matelda die Freundin Gregors VII., die berühmte Gräfin von Tuscien gesehen. Ihr kirchlicher Eifer, wie es scheint, brachte auf die Meinung, dass Dante sie als Prototyp für das wirkende religiöse Leben genommen haben könne als Seitenbild zu Beatrice, in welcher man das übersinnliche schauende Leben repräsentirt fand. Aber man darf die Bedeutung der beiden Frauen bei Dante nicht so einfach auf diesen Gegensatz des wirkenden und schauenden Leben zurückführen. Wohl sieht Dante im Traume die beiden Frauen als Lea oder Lia und Rahel vorgebildet und Lia und Rahel galten wie Martha und Maria vielen Theologen jener Zeit als Typen des wirkenden und schauenden Lebens; aber es fassten doch nicht alle den Unterschied jener Frauen in so abstracter Weise auf und auch Dante thut es nicht.

Dante sieht [1]), als er den siebenten und letzten Kreis des Purgatoriums durchwandert und den Ruf vernommen hat: „Selig sind die reinen Herzens sind, denn sie werden Gott schauen", im Schlafe „der oftmals vor der Begebenheit schon hat die Kunde" ein schönes Weib, das unter Singen Blumen pflückt sich einen Kranz zu winden. Sie bezeichnet sich als Lia, der es Freude mache, sich mit Blumen zu schmücken und dann vor den Spiegel zu treten, während ihre Schwester Rahel nie von ihrem Spiegel weiche und nichts schauen wolle als ihre schönen Augen. Wohl sagt dann Lia: „Wie sie das Schauen, befriedigt mich das Handeln"; aber wenn Lia nur das wirkende Leben im Gegensatz zum schauenden wäre, wie könnte dann von Lia ebenso wie von Rahel gesagt sein, dass sie in den Spiegel schaue? Beide schauen, und nur das unterscheidet sie, dass Lia mit Blumen geschmückt sich sehen will, Rahel dagegen allein am Lichte ihrer Augen Freude findet; und dass Lia nur ab und zu in den Spiegel schaut, Rahel aber, wie Lia sagt, den ganzen Tag dran sitzt.

Ebenso wenig als die beiden Frauen des Traumes will ihr Gegenbild, wollen Matelda und Beatrice sich ganz der

---

1) Purg. XXVII, 92 ff.

aufgestellten Formel fügen. Matelda ist Dante's Führerin im irdischen Paradies. Dem Ort entspricht bei Dante der Führer, dem Wesen des Orts das Wesen der Seele, die sich daselbst befindet. An der Schwelle des irdischen Paradieses sagt Virgil zu dem durch die sieben Kreise des Purgatoriums gegangenen und gereinigten Dante: „Hier ist der Ort wo ich durch mich selbst nichts mehr unterscheide. Durch Kunst und Weisheit zog ich bis hieher dich". Hier hat also die natürliche Erkenntnisskraft ihre Gränze. Auch Statius, der (nach Dante) christliche Dichter und Dante's zweiter Begleiter in den letzten Kreisen des Purgatoriums, also auch die durch das Christenthum erleuchtete Erkenntnisskraft vermag hier nicht weiter vorzudringen. Alles hier oben ist ein Jenseits für den an die Sinnenwelt gebundenen Menschen. Hier ist ein Windesrauschen, das seinen Ursprung nicht in der irdischen Atmosphäre hat; hier blühen Blumen, die nicht durch die natürliche Vermittlung des Samens aufsprossen, hier kann nur wandeln wer aus Lethe getrunken. Und singend, über Blumen wandelnd, sie pflückend und Kränze windend, erscheint hier Matelda, durch den Lethefluss von dem Dichter geschieden. Auf seinen Zuruf naht sie sich dem andern Ufer im Wirbeltanze¹). Sie gibt ihm Aufschluss über das Rauschen in den Zweigen, über die Blumen die sonder Samen spriessen in dem hohen Lande und aller irdischen Pflanzen Keim und Same sind, über Lethe, der nicht

---

1) Purg. XXVIII, 52 ff. (Philalethes):

Gleichwie sich mit den Füssen dicht am Boden
Und beieinander dreht ein Weib im Tanze
Und einen Fuss kaum setzet vor den andern,
Also sich drehend kam sie auf den rothen
Und gelben Blümlein gegen mich — —

Auch dieser Zug im Bilde der Matelda ist wohl nicht gleichgültig. Er scheint an die Ekstase erinnern zu sollen.

aus irdischer Quelle kommt und über Eunoe, der das irdische Paradies nach dem himmlischen zu abscheidet, wie Lethe es nach unten hin thut, und der jeder guten That Erinnerung wieder weckt, wie Lethe das sinnliche, sündige Leben vergessen macht. Sie zeigt ihm dann Beatrice, welche verschleiert auf dem von einem Greif d. i. von Christus gezogenen Wagen der Kirche einherfährt. Den Zug eröffnen 24 Greise, die Verfasser der biblischen Schriften. Sieben Frauen gehen dem Wagen zur Seite, die vier Cardinaltugenden und die drei theologischen Tugenden. Ueber den Zug hin leuchtet himmlisches Licht, das von sieben flammenden Leuchtern strahlt.

Erst nachdem Dante seine Sünde bekannt, die darin besteht, dass er von der Liebe zum Uebersinnlichen zur Lust am Sinnlichen herabgesunken ist, darf er den Boden des irdischen Paradieses betreten. Matelda ist mit einem Male über ihm, fasst ihn in die Arme, trägt ihn empor und taucht ihn unter in den Lethefluss, worauf er jenseits bei dem Wagen stehend nun in das Licht von Beatricens entschleierten Augen sehen darf. Wir sehen Matelda ist hier die Vermittlerin **übersinnlicher Offenbarungen**, so gut wie nachher Beatrice. Und wenn dann Beatrice dem Dichter Aufschluss über die Geheimnisse der Kirche gibt, so empfängt Dante diese Aufschlüsse in **Bildern**, die vor seinen Augen wechseln, und in **bildlicher Rede**. Beatrice ist hier **Matelda gleich** geworden. Die Weise ihrer Offenbarung entspricht dem Wesen des Ortes, wo sie sich befindet, und dem Zustande dessen, dem sie die Offenbarungen zu Theil werden lässt. Das Schauen im irdischen Paradiese ist also ein übersinnliches, aber es ist noch nicht das höchste, das wesentliche Schauen, sondern ein Schauen im Bild und Gleichniss. Darum sagt auch Beatrice:

Doch weil ich am Verstande ganz versteinert
Und durch die Sünde dich gefärbt erblicke,

So dass das Licht dich meiner Worte blendet,
Will ich wenn nicht geschrieben, doch **gemalet**
Dass du mit dir davon sie tragest, wie man
Den Pilgerstab mit Palmen bringt geschmücket [1]).

Dagegen verweist sie ihn auf das **himmlische Paradies**, wo dann, wenn Matelda ihn aus den Wassern des Eunoe hat trinken lassen, ihre Worte „**ganz unverhüllt**" sein werden [2]). So kann man also nicht sagen, Matelda, Dante's Führerin durchs irdische Paradies, repräsentire das wirkende Leben im Gegensatz zum schauenden. Wohl ist sie das Weib, das nach den Worten des Dichters an der Liebe Strahlen sich gewärmt, aber es ist dies eine Liebe, welche die Seele über sich selbst hinausrückt und auf die erste Stufe des übersinnlichen Schauens stellt, wo man im Bild und Gleichniss erkennt oder, um mit Dante zu reden, den Pilgerstab mit Palmen schmückt. Die höhere Stufe dieses übersinnlichen Schauens ist das Schauen im himmlischen Paradiese, da die übernatürliche Erkenntniss eine wesenhafte ist, das Wort unmittelbar das sich offenbarende Wesen der Dinge selbst bezeichnet. Die Repräsentantin jener niedreren Stufe des Schauens im irdischen Paradiese ist Matelda, die des höheren Schauens im himmlischen Paradiese ist Beatrice. Wollen wir für dieses zwiefache dem discursiven Erkennen entgegengesetzte übersinnliche Schauen ein historisches Wort verwenden, so müsste es das Wort Mystik sein, und Matelda und Beatrice wären dann nicht als Typen des wirkenden und schauenden Lebens, sondern zutreffender als Typen der praktischen und speculativen Mystik zu bezeichnen.

Die praktische Mystik hatte in der Zeit Dante's eine ausserordentliche Bedeutung gewonnen. Sie war eine ver-

---
1) Purg. XXXIII, 73 ff.
2) l. c. 100 ff.: saranno nude le mie parole.

hältnissmässig neue Erscheinung. Lamprecht von Regensburg, der Zeitgenosse Dante's, sagt in seiner Tochter Sion[1]):
>Die Kunst ist bei unsern Tagen
>In Brabant und in Baierlanden
>Unter den Weiben aufgestanden.

Und er ruft aus:
>Herre Gott was Kunst ist das?
>Dass sich ein alt Weib bass
>Verstet denn witzige Mann!

Lamprechts Angabe ist in Bezug auf Brabant genauer als in Bezug auf Baiern. In den belgischen Beginenkreisen traten im Anfang des 13. Jahrhunderts ekstatische Zustände zuerst in auffallender Menge ein, während solche bis dahin nur als vereinzelte Erscheinuugen vorgekommen waren. Bald verbreiteten sie sich über die Frauenklöster in Sachsen, Thüringen und Oberdeutschland. Sie bleiben eine charakteristische Erscheinung des religiösen Lebens bis in die Mitte des 14. Jahrhunderts. Es sind vornehmlich die deutschen Klöster, wo diese Richtung gepflegt wird. Nirgends sonst tritt sie in gleicher Stärke auf, nirgends ist sie so bedeutsam in Schriften, welche von solchen ekstatischen Frauen selbst herrühren, zu Wort gekommen. Aus zwei Quellen vornehmlich ist diese Richtung entsprungen: aus der Tiefe des deutschen Frauengemüths und aus der religiösen Noth der Zeit. In der Noth einer streiterfüllten Welt, in dem leidenschaftlichen Kampfe der Kirche um weltliche Herrschaft, unter dem Abfall Tausender von ihrer Führung war die Sehnsucht nach innerem Troste bei Vielen erwacht. Durch Erötdtung des Sinnenlebens suchte man die natürlichen Schranken zu durchbrechen, und durch unmittelbares Schauen und Geniessen des Göttlichen den Halt zu gewinnen, den die verweltlichte Kirche nicht mehr zu bieten vermochte.

---

1) Hoffmann H. Fundgruben etc. I, 314.

Wir haben eine Anzahl von sehr werthvollen Schriften, welche dieser praktischen Mystik entstammen und in Visionen und Offenbarungen das über die Sinnenwelt hinausstrebende religiöse Leben zur Darstellung bringen. Eine solche Schrift ist das „Buch geistlicher Gnaden", das von einer Nonne des Benediktinerinnenklosters Helfta bei Eisleben, von Mechthild von Hackeborn herrührt ¹). In dieser deutschen Mechthild glaubte Lubin endlich das historische Vorbild von Dante's Matelda gefunden zu haben ²). Er glaubte sicher zu sein, dass das Buch der deutschen Nonne längere Zeit, bevor Dante sein Werk zu schreiben begann, vollendet gewesen sei; er fand in diesem Buche so auffallende Anklänge an Stellen in Dantes Gedicht — dass ihm kein Zweifel mehr übrig schien³); und auch Böhmer tritt in seiner sehr werthvollen Abhandlung, welche im letzten Jahrbuch der deutschen Dante-Gesellschaft⁴) erschienen ist, der Ansicht Lubins bei, und sucht dieselbe weiter zu begründen und zu ergänzen.

Nun hat aber Gall-Morel im J. 1869 ein älteres Werk als das der genannten Mechthild von Hackeborn — „das fliessende Licht der Gottheit" herausgegeben⁵). Es ist in mittelhochdeutscher Sprache und Gall Morel bezeichnet als Verfasserin desselben eine Schwester Mechthild von Magde-

---

1) Speculum spiritalis gracie ac mirabilium reuelationum divinitus factarum sacris virginibus Mechtildis ac Getrudis etc. Liptzk 1510. 4⁰. Das buch geistlicher gnaden etc. Leyptzk 1503. 4⁰. Weitere Ausgaben: im Liber trium virorum et trium spiritualium virginum. Par. 1513. 2⁰, dann Venedig 1522 u. 1558. 8⁰.

2) La Matelda di Dante Allighieri. Graz 1860.

3) l. c. 58: io dico che la Matelda di Dante non è altri che la B. Metilde di Helpede, sorella della contemplativa S. Getrude: e che Dante nel suo Poema la fece il simbolo della Vita Attiva, della quale essa era realmente un modello perfetto.

4) Ed. Böhmer, Matelda, Jahrbch etc III, 101 ff.

5) Offenbarungen der Schwester Mechthild von Magdeburg oder das fliessende Licht der Gottheit. Regsb. 1869.

burg. Schon Morel findet, dass Vieles in diesem Werke an Dante erinnere; doch nimmt er gar nicht an, dass Dante dasselbe gekannt haben könne, da er voraussetzt, dass es nur in deutscher Sprache vorhanden gewesen sei. Als ich im Jahre 1869 diese Edition vor der hohen Classe besprach und sie als eine hochdeutsche Uebersetzung des ursprünglich niederdeutsch geschriebenen Werkes nachwies, konnte ich zugleich Näheres über die Verfasserin mittheilen. Ich hatte in Basel eine Pergament-Handschrift aus dem 14. Jahrhundert gefunden, welche eine lateinische Uebersetzung des fliessenden Lichts der Gottheit enthielt, mit Prolog und Bemerkungen im Texte, welche sich in der Morel'schen Ausgabe nicht finden. Aus beiderlei Zusätzen ging hervor, dass diese Mechthild, nachdem sie lange Begine in Magdeburg gewesen, die letzten 12 Jahre ihres Lebens im Kloster Helfta zugebracht habe, in demselben Kloster, in welchem später Mechthild von Hackeborn den Stoff zu dem erwähnten Buch der geistlichen Gnade geliefert hat. Ich glaubte schon damals sagen zu können, dass der Dominikaner Heinrich von Halle, der Zeitgenosse und Freund der älteren Mechthild, sehr wahrscheinlich der Uebersetzer ihres Werkes ins Lateinische sei.

Böhmer hat diesen meinen Nachweis einer lateinischen Uebersetzung zum Anlass genommen, auch das Werk der älteren Mechthild mit Bezug auf Dante zu untersuchen. In der schon erwähnten Abhandlung weist er auch von diesem Buche Parallelen bei Dante nach, und glaubt auf Grund derselben wenigstens einen indirecten Einfluss auf den grossen Dichter einstweilen constatiren zu sollen, vermittelt durch das Buch der jüngeren Mechthild, als in welchem das Buch der älteren Mechthild nachklinge. Ob Dante das ältere Werk selbst gekannt haben könne, das sei mit Sicherheit erst festzustellen,

---

1) Sitzungsberichte etc. 1869 II, 2 S. 151 ff.

wenn die erwähnte lateinische Uebersetzung desselben näher untersucht sei. Ich habe eine solche Untersuchung nun vorgenommen; ich habe zugleich das Buch der jüngeren Mechthild in Bezug auf unsere Frage eingehender geprüft und erlaube mir das gewonnene Resultat hier vorzulegen und zu begründen. Dasselbe lässt sich dahin zusammenfassen:

1. Es ist unwahrscheinlich, dass Dante das von Lubin und Böhmer in Anspruch genommene Werk der jüngeren Mechthild, das Buch der geistlichen Gnaden, gekannt hat.
2. Es ist gewiss, dass Dante das Buch der älteren Mechthild, das fliessende Licht der Gottheit, gekannt haben kann.
3. Es ist sehr wahrscheinlich, dass er es wirklich gekannt und diese ältere Mechthild zum Prototyp für seine Matelda genommen hat.

I.

Es ist nicht wahrscheinlich, dass Dante das Buch der jüngeren Mechthild gekannt hat, als er an seinem Purgatorium dichtete. Eine Untersuchung über die Zeit des Buchs wird dies ergeben. Dasselbe setzt den Tod der Mechthild, deren Offenbarungen es bringt, voraus. Die Angaben der Chronisten über ihren Tod sind so differirend, dass wir diesen aus Nebenumständen ermitteln müssen. Ich wies schon früher nach, dass eine ihrer Offenbarungen sich auf die Zeit, da König Adolf mit seinem Heere in der Nähe von Helfta lag, also auf 1294 beziehe [1]). Damit fällt Lubins Annahme, dass sie um 1292 gestorben sei. Eine weitere Offenbarung [2]) bezieht sich auf eine Zeit, da anstatt einer altersschwachen Aebtissin eine andere zu wählen war. Mechthilds Schwester Gertrud, welche 40 Jahre Aebtissin gewesen,

---
1) Sitzungsberichte etc. l. c. S. 162.
2) Deutsche Leipz. Ausg. v. 1503, Buch IV, Cap. 14.

war schon 1291 gestorben. Deren Nachfolgerin Sophie von Querfurt resignirte 1298 in nicht hohem Alter. Nach einer interimistischen Verwaltung von 5 Jahren wurde im Jahre 1303 die 78jährige Jutta von Halberstadt gewählt[1]). Ohne Frage ist es diese, für welche man in einem der folgenden Jahre eine Nachfolgerin suchte. Von 1310 an urkundet Sophie von Friedberg[2]). Bis gegen diese Zeit hin hat also Mechthild jedenfalls gelebt. Aus dem Buche der gleichzeitigen Nonne Gertrud ist ersichtlich, dass sie vor dieser gestorben ist. Der Tod dieser Gertrud fällt ins Jahr 1311[3]). Aus dem eigenen Buche der Mechthild selbst, das nach ihrem Tode abgeschlossen wurde, ergibt sich ferner, dass sie im dritten Jahre vor dem Abschlusse desselben noch gelebt hat[4]). Dieser Abschluss aber kann, wie sich zeigen wird, nicht vor 1312 stattgefunden haben. Mechthild muss mithin um 1310 gestorben sein.

Es müssen, wie gesagt, mindestens noch gegen zwei Jahre nach ihrem Tode verflossen sein, ehe ihr Buch abgeschlossen wurde. Denn es hat gegen den Schluss hin Stellen aus dem Buch der Nonne Gertrud, und dieses Buch ist vor 1312 nicht bekannt geworden. Ich muss über dieses berühmte Buch der Nonne Gertrud hier eine kurze Untersuchung einschalten, weil man sich über dasselbe bisher eine ganz falsche Vorstellung gemacht hat, und eine Zurechtstellung des Sachverhalts uns förderlich sein wird.

Das Gertrudenbuch, die Insinuationen der göttlichen Liebe betitelt[5]), wird allgemein als das Buch angesehen,

---

1) Spangenberg, Quernfurt. Chronik S. 320.
2) Moser, diplom. und hist. Belustigungen etc. Bd. II.
3) s. unten.
4) Deutsche Leipz. Ausgabe von 1503, V. 28.
5) Insinuationum divinae pietatis libri quinque. Cölner Ausgaben 1530 von I. Lansperg, 1536 von I. Loher, 1579 v. Til. Bredenbach; Paris 1662 v. Fr. Leonard; Salzburg 1662 v L Clement. Dess Leben

welches die Offenbarungen der Schwester der Mechthild, der Aebtissin Gertrud von Hackeborn enthält. Den Anstoss zu dieser falschen Meinung hat, so viel ich sehe, Johann Lansperg gegeben, welcher im Jahre 1530 die Insinuationen zuerst herausgegeben hat. Er rückte nämlich in seine Einleitung einen alten Bericht über die beiden Schwestern Mechthild und Gertrud von Hackeborn ein, und alle folgenden Herausgeber sind in die von Lansperg herrührende falsche Spur getreten, ohne eine weitere Untersuchung vorzunehmen; wie denn auch jeder von ihnen den alten Lanspergischen Text nur mit einigen stilistischen Correcturen wieder hat abdrucken lassen.

Im ganzen Buch aber ist mit keiner Silbe davon die Rede, dass die hier auftretende Nonne Gertrud — die Aebtissin Gertrud von Hackeborn, die Schwester der Mechthild sei. Das Buch macht vielmehr diese Annahme geradezu unmöglich. Die Nonne Gertrud hat, wie sie selbst im 2. Buch angibt, ihre Visionen von ihrem 26. Jahre an. Wäre sie die Hackebornerin, so müsste sie alle ihre Visionen als Aebtissin gehabt haben, denn Gertrud von Hackeborn ist von ihrem 19. Jahr an Aebtissin und bleibt es 40 Jahre lang bis zu ihrem Tode. Nun ist nicht nur nirgends im Buche erwähnt, dass die Nonne Gertrud Aebtissin gewesen, obwohl die Anlässe dies zu bemerken sehr häufig sind, sondern es ist sogar an mehreren Stellen des Buchs von der Aebtissin als einer andern Person die Rede [1]). Sodann werden im fünften Buch Visionen der Nonne Gertrud mitgetheilt, und dass dies keine fremdartigen Beigaben seien, erhellt einerseits daraus, dass diese Visionen der Nonne Gertrud hier mit derselben Formel eingeführt

---
und Offenbarungen der Heil. Jungfrau Gertrudis etc. Cölln 1657. Sämmtliche Ausgaben in 8°.
1) Ins. I, 3. II, 1. IV, 2.

werden, wie die in den früheren Büchern ¹), anderseits daraus, dass hier über die Aebtissin Gertrud wie über eine neue Erscheinung, von der in den vorhergehenden Büchern gar nicht die Rede war, berichtet wird. Es ist also gewiss, dass das Subject der Offenbarungen des Gertrudenbuchs nicht die Aebtissin Gertrud von Hackeborn, sondern eine Nonne Gertrud ist, welche die Aebtissin Gertrud überlebt hat.

Die Visionen, welche diese Nonne Gertrud bei dem Tode von Schwestern ihres Klosters hat, führen uns in die Jahre 1291—1310. Denn die Reihe dieser, wie eine nähere Betrachtung ergibt, chronologisch geordneten Visionen beginnt mit dem Tode der Aebtissin Gertrud und schliesst in der Zeit, da Sophie von Friedberg bereits Aebtissin war ²). Damit stimmt eine andere Berechnung. In dem von Gertrud selbst geschriebenen 2. Buch der Insinuationen, welches eine für sich selbständige Schrift bildet, sagt sie, sie schreibe dieses Buch im 9. Jahre ihrer Bekehrung und bezeichnet die Zeit derselben nach dem Monats- und Wochentag. Unter den Jahren in der 2. Hälfte des 13. Jahrhunderts, in welchen der Monatstag auf den von ihr angegebenen Wochentag fiel, ist eines das Jahr 1281 ³). Dann hätte sie das bezeichnete

---

1) V, 1 und in vielen der folgenden Visionen ist von ihr als der schon bekannten mit „illa" „ista" die Rede, ebenso wie in den früheren Büchern cf. III, 17. IV, 1 etc.

2) Ins. V; 9: Beatae memoriae domina S. senior etc. Die Bezeichnung der S. (Sophia) als domina weist auf sie als Aebtissin, das „senior" setzt eine jüngere Sophia als Aebtissin voraus. Vgl. die Namen der Aebtissinnen in dieser Zeit bei Spangenberg und Moser.

3) Die betreffenden Jahre: 1253. 1259. 1270. 1276. 1281. 1287. 1298. Die beiden ersten und die beiden letzten Jahre können nicht in Betracht kommen, weil von ihnen aus gerechnet das Jahr der Abfassung des zweiten Buchs zu früh oder zu zu spät fiele, das Jahr 1270 nicht, weil von ihm aus in einem der nächsten 9 Jahre einer weiteren chronologischen Bemerkung der Gertrud zufolge der Tag Johannis des Täufers auf einen Dienstag gefallen sein müsste, was

Buch im Jahre 1289 geschrieben und damit stimmt eine alte Klosternotiz bei Lansperg, dass die Insinuationen 1289 begonnen seien. Ferner sagt der Prolog, dass der Inhalt der folgenden Bücher in den nächsten zwanzig Jahren geschrieben sei. Das stimmt zu unserer oben mitgetheilten Beobachtung, dass die Visionen des letzten Buchs bis ins Jahr 1310 reichen. Dass die Mittheilungen des letzten Buchs bis an die Zeit ihres Endes reichen, geht aus den Capiteln hervor, welche von ihrer Todessehnsucht und ihren Bereitungen zum Tode sprechen. Somit dürfen wir eine Notiz Bucelins in den Benedictinerannalen als völlig zuverlässig betrachten, welche als Todesjahr der Verfasserin der Insinuationen 1311 angibt. Erst nach ihrem Tode aber hat ihr Buch die Gestalt erhalten, in der es verbreitet worden ist. Das ganze umfangreiche erste Buch setzt ihren Tod voraus, und an verschiedenen Orten der andern Bücher ist der Ausdruck ihrem inzwischen eingetretenen Tode angepasst. Schwerlich kann also dasselbe vor 1312 vollendet worden sein. Und schwerlich ist dasselbe in der Gestalt, welche es durch die letzte Ueberarbeitung erhielt, vor seinem Abschluss Jemand bekannt geworden, da die Schreiberin, welche die Mittheilungen der Gertrud aus ihrem Munde niederschrieb, nach Buch V, 36 das vollendete Werk heimlich zuerst dem Herrn „als Opfer" darbringt, ehe sie es veröffentlicht.

Hier nehmen wir den Faden der Untersuchung über die Zeit des Buches der Mechthild von Hackeborn wieder auf. Ich sagte oben, es habe gegen den Schluss hin Stellen aus dem Buch der Nonne Gertrud, und es hat sie in der Form, welche unzweifelhaft von der letzten Ueberarbeitung

---

innerhalb der Jahre 1270—1279 nicht vorkam. Für die eingehendere Begründung des über die beiden Bücher der Mechthild und Gertrud Gesagten muss ich einstweilen auf den ersten Band meiner Geschichte der deutschen Mystik im Mittelalter verweisen, der nahezu vollendet ist.

herrührt. Da nun diese vor 1312 nicht bekannt geworden ist, so muss das Mechthildenbuch nach 1312 abgeschlossen worden sein.

Dieses Resultat könnte nun durch einen Umstand wieder in Frage gestellt werden. Jene Stellen im Mechthildenbuch, welche dem Buch der Nonne Gertrud entnommen sind, betreffen den Tod der Schwester der Mechthild, der Aebtissin Gertrud, und nur die Leipziger Ausgaben des Mechthildenbuchs haben diese Gertrudenstücke. Warum könnte also nicht das Mechthildenbuch in seiner kürzeren Gestalt das ursprüngliche sein und schon vor dem Gertrudenbuch seinen Weg in die Welt genommen haben? Vielleicht schon vor dem Tod der Mechthild? Einen Schein der Berechtigung hätte auch diese letztere Vermuthung, da nur die deutsche Uebersetzung, nicht aber die lateinischen Texte das Capitel über den Tod der Mechthild enthalten.

Doch diese Bedenken fallen mit der Wahrnehmung dahin, dass die kürzere Textgestalt sich als ein Auszug aus dem umfassenderen Text erweist. So bringt ein Capitel [1]) des kürzeren Textes ein Bekenntniss der Mechthild von ihrer Schwachheit, das mit den an Christus gerichteten Worten eingeleitet ist: „Wiewohl du mich eben ganz erfüllt hast." Die Thatsache, auf welche sich das „eben" bezieht, vermissen wir. Sie findet sich in dem umfassenderen Texte [2]). Aber könnte dieser als ein Auszug sich erweisende kürzere Text nicht auch ein Auszug sein aus einem umfassenderen Texte, welcher jene Stellen aus dem Buch der Nonne Gertrud nicht enthielt? Auch das nicht. In einer Stelle des kürzeren Textes hat uns der Verfasser ohne es zu wollen verrathen, dass er einen Text vor sich liegen hatte, welcher die Gertrudenstücke mit enthielt. Ein Capitel gegen den

---

1) Ven. Ausgabe v. 1523 lib. V, cap. de virtute (l. veritate) huius libri Q 8.
2) L. A. 1510 V, 22. ed. 1503 V, 26.

Schluss des Werkes gibt eine zusammenfassende Charakteristik der Mechthild. Hier nun hat sich der Hersteller des kürzeren Textes entweder versehen oder er glaubte es zum Besten seiner Heldin nicht so genau nehmen zu müssen — kurz er mischt in die Schilderung der Mechthild eine Stelle ein [1]), welche in dem umfassenderen Texte von Wort zu Wort einige Blätter weiter unten als Charakteristicum nicht von Mechthild, sondern — von ihrer Schwester Gertrud von Hackeborn vorkommt. Es ist somit kein Zweifel, dass der kürzere Text aus einem umfassenderen Texte genommen ist, welcher die Gertrudenstücke mit enthielt. Auch lassen Prolog und Schluss des umfassenderen Mechthildenbuchs durch ihre Andeutungen und Rückbeziehungen keinen Zweifel, dass die, welche die Mittheilungen aus dem Munde der Mechthild niedergeschrieben, von Anfang an entschlossen war, ihr Werk nicht ohne die Gertrudenstücke hinauszugeben.

Setzt nun aber unser Mechthildenbuch das Buch der Nonne Gertrud voraus, und ist dieses letztere nicht vor 1312 abgeschlossen und bekannt geworden, so dürfte das Mechthildenbuch vor 1313 kaum abgeschlossen worden sein. Vergegenwärtigen wir uns dazu nun auch noch in Kürze den Weg, der von der Zeit des Abschlusses an zurückgelegt sein musste, bis das Buch etwa in Dante's Hände kommen konnte. Hinsichtlich des Gertrudenbuchs wissen wir, welche Reihe von Autoritäten dieses aussergewöhnliche Werk nach dem Willen des vorsichtigen Propstes von Helfta erst passiren musste, ehe man seine Weiterverbreitung gestattete [2]). Es wird bei

---

1) Ad quaelibet vilia opera et maxime ad communes labores sororibus se frequenter sociabat, quandoque prima imo sola laborabat, quousque subditas induxit vel magis exemplo aut blandis verbis ad se juvandum allexit.

2) Lanspergs Vorwort ist abgedruckt in der Salzburger Ausgabe (die schon im 16. Jahrhundert selten gewordene Ausgabe Lanspergs

dem Buch der Mechthild von Hackeborn kaum anders gewesen sein. Und dann erforderte es doch auch seine Zeit, bis ein so umfassendes Buch abgeschrieben war, und bis es zwei, drei oder mehrere Male abgschrieben seinen Weg über die Alpen fand. Es dürften also doch wohl auch nach dem Abschluss des Werkes immer noch ein Paar Jahre vergangen sein, bis es allenfalls in Dante's Hände kommen konnte.

Dante hat am 6. Gesange des Purgatoriums, wie sich aus seiner Bemerkung über König Albrecht ergibt, nach Albrechts Tode, am 7. Gesange, wie die Bemerkung zu Kaiser Heinrich zeigt, vor Heinrichs Tode, an beiden Gesängen also zwischen 1308—1313, am 24. Gesange nach seiner Uebersiedlung nach Lucca d. i. nach 1314 gedichtet [1]). Die Gesänge 27—33, in welchen Matelda auftritt, fallen also in die nächsten Jahre nach 1314. Die Möglichkeit, dass das Mechthildenbuch in dieser Zeit noch in Dante's Hände gekommen sei, ist damit freilich nicht absolut ausgeschlossen, aber sehr wahrscheinlich ist dieser Fall, wie wir nun gesehen haben, nicht. Dazu kommt noch, dass die ganze Anlage des Purgatoriums die Annahme, dass Dante schon beim Beginne dieses Theiles seiner Dichtung ein Vorbild für seine Matelda im Auge gehabt haben müsse, sehr nahe legt. Dante hört beim Uebergange von dem einen Kreise des Reinigungsberges zu

---

selbst ist hier nicht vorhanden): ne quis scrupulus inesse libro formidaretur neve cuiusvis periculi metus a lectione quempiam deterreret, curavit monasterii pater legendum perspiciendum discutiendumque eumdem tradere et doctissimis et piissimis quibusque viris. Folgen nun die viri probatissimi in Theologia, denen es vorgelegt wurde: die Dominikaner Heinrich von Mühlhausen, Heinrich von Veriungerade (Werningerode), letzterer damals im Kloster zu Halle, der Lector der Minoriten in Halberstadt — v. Burg, der das Buch um 1300 gehabt habe (kann sich nur auf das 2. Buch der jetzigen Ausgaben, das für sich selbstständig und um 1290 vollendet worden ist, beziehen), etc. etc.

1) Purg. XXIV, 43 ff.

dem andern je eine der Seligpreisungen aus der Bergpredigt Jesu. Er setzt dieselben in andere Ordnung als sie in der Bergpredigt stehen und verspart das Wort: Selig sind die reinen Herzens sind, denn sie werden Gott schauen, auf den Uebergang aus dem letzten Kreise des Purgatoriums in das irdische Paradies, wo er in 6 Gesängen das übersinnliche Schauen auf seiner ersten Stufe, wie es in der von uns so bezeichneten praktischen Mystik sich kund gibt, darstellt. Da mithin Dante in der Anordnung der Seligpreisungen mit Absicht verfährt, so stand ihm, als er an den früheren Gesängen des Purgatoriums dichtete, bereits fest, in den letzten Gesängen das übersinnliche Schauen darzustellen und hiefür einen bedeutenden Raum übrig zu lassen; denn auch die Zahl der Gesänge für jede der drei Abtheilungen des ganzen Gedichtes musste ihm ja fest stehen, da es nicht zufällig sein wird, dass jede derselben, wenn man von dem ersten Gesange des Inferno als der Einleitung zum ganzen Gedichte absieht, aus 33 Gesängen besteht.

Zeigt somit die Symmetrie des Gedichtes sowie die Selbstbeschränkung in den früheren Gesängen des Purgatoriums den im Einzelnen so ziemlich feststehenden Plan, dann musste ihm wohl auch schon von Anfang an eine Erscheinung bekannt sein, die ihm bedeutend genug schien, um der Richtung, welche sie vertrat, einen so grossen Raum in seinem Gedichte übrig zu lassen. Eine solche Erscheinung konnte ihm aber in der Zeit, da er den Plan zum Purgatorium entwarf, Mechthild von Hackeborn nicht sein, da ihr Buch, soviel steht als Resultat unserer Untersuchung unzweifelhaft fest, damals noch nicht vollendet war. Ich glaube daher, beiderlei Erwägungen legen es uns nahe zu sagen: Es ist nicht wahrscheinlich, dass Dante das Buch der jüngeren Mechthild gekannt hat, und finden sich Anklänge an ihr Buch in seinem Gedichte, und für mehr als Anklänge wird man, was Lubin und Böhmer bringen, nicht ausgeben wollen, so weisen diese auf andere gemeinsame Quellen hin.

II.

Sollte nun nicht das „fliessende Licht der Gottheit", das Werk der Mechthild von Magdeburg, eine dieser gemeinsamen Quellen sein?

Aus dem deutschen Text des Buches geht hervor, dass Mechthild mit eigner Hand die einzelnen Stücke geschrieben und dass sie diese ohne sachliche Ordnung, sowie sie in der Zeit nacheinander entstanden waren, zusammengeschrieben hat. Buch IV, 1 sagt sie: In ihrem 12. Jahre sei sie zuerst vom Geiste gegrüsst worden, seitdem seien 31 Jahre, und seit sie von der Welt Urlaub genommen, d. h. seit sie als Begine in Magdeburg lebt, 20 Jahre verflossen. Sie ist also im 23. Jahre Begine geworden. Etwa dreissig Jahre später, also im 53. Jahre tritt sie ins Kloster nach VI, 4. Im Kloster starb sie nach 12 Jahren, wie Heinrich von Halle sagt: also in ihrem 65. Jahre.

Eine Bemerkung in der Einsiedler Handschrift zu IV, 27 setzt an den Rand das Jahr 1256[1]). Sie findet sich auch in der lateinischen Uebersetzung, stand also schon im Original. Der in dem bezeichneten Capitel erwähnte Vorfall betrifft die Anfechtung der Dominikaner durch die Pariser Universität. Die Jahrzahl ist zutreffend, wie wir aus andern Quellen wissen. Sie bittet, dass der Herr seine eigene Ehre an dem Orden wahren wolle: sie kennt also die Entscheidung des Papstes für die Angefochtenen noch nicht[2]). Das 27. Capitel ist demzufolge in demselben Jahre geschrieben. Das 1. Capitel desselben Buchs liegt darum wohl kaum mehr als 1—2 Jahre zurück, ist also um 1255 geschrieben. Als sie

---

1) Sie gehört nicht an den Schluss von IV, 26, wie die Morel'sche Ausgabe hat, sondern an den Anfang von IV, 27.
2) Bulle Alexanders IV. v. J. 1256 Bulaei hist. Univ. Paris. III, 310.

es schrieb, war sie, wie wir oben sahen, 43 Jahre: also ist sie um 1212 geboren, und, da sie 65 Jahre alt wurde, um 1277 gestorben.

So viel über die Zeit der Mechthild von Magdeburg. **Wann aber ist die Uebersetzung ins Lateinische entstanden?** Die Handschrift, welche ich zu Basel fand, ist eine Pergamenthandschrift und als dem 14. Jahrhundert angehörig bezeichnet [1]). Diesem gehört sie sicher an, wenn sie nicht noch ins 13. hineinreicht. Sie hat Randbemerkungen wie mir scheint von der Hand desselben Schreibers mit blasserer Tinte. Aus ihnen geht hervor, dass sie bei einer Vergleichung der Abschrift mit dem Originale entstanden sind. Der Abschreiber oder der Vergleicher zeigt, dass er im Dominikanerkloster zu Halle bekannt ist, dass er den Uebersetzer Heinrich von Halle gekannt hat und dass er auch mit dem Kloster Helfta im Verkehr stand [2]).

So führt uns schon diese Abschrift bis an die Gränze des 13. Jahrhunderts.

Und nun die Uebersetzung selbst. Der Prolog ist überschrieben: Prologus fratris Heinrici lectoris de ordine fratrum praedicatorum. Der Lector Heinrich sagt darinnen, dass er dieses Buch, welches in ungebildeter Sprache (barbara lingua) geschrieben sei, zu übersetzen gedenke. Er gibt einige Notizen über die letzten Jahre der Mechthild. Blatt 67ᵇ ist

---

1) B. IX. 11. Eine andere daselbst A VIII, 6. 4⁰ Papier, 15 ss. ist von geringerem Werthe und durch Zusätze eines Franziskaners (cf. den Passus Bl. 158. über Berthold von Regensburg) entstellt.

2) Mehrere Glossen beginnen: In originali habetur. Glosse zu dem Capitel über Baldewin, den Bruder Mechthilds: Scripsit etiam manu sua bibliam, in qua legitur ad mensam in conventu Hallensi. Bl. 67. Und dass er mit Heinrich von Halle und Helfta bekannt war, geht aus den Bemerkungen über Heinrich von Halle (im Text Bl. 67ᵇ cf. Anhang 2) hervor, die nur von dem Abschreiber herrühren können.

ein Capitel überschrieben de fratre Heinrico, qui compilavit librum istum. Aus diesem Capitel geht hervor, dass der Uebersetzer Heinrich von Halle war, der das Amt eines Lectors in Rupin bekleidete, und dass er im Verkehr mit Mechthild von Magdeburg stand, die ihm von ihren Visionen Mittheilung machte.

So rührt also die Uebersetzung von einem **Zeitgenossen und vertrauten Freunde der Mechthild** her. Heinrich hat, wie das Werk zeigt, eine neue Eintheilung der Offenbarungen vorgenommen; er hat die chronologische Ordnung aufgehoben und die Stücke sachlich geordnet, fast überall aber in den Aufschriften Buch und Capitel, wo sie in der deutschen Urschrift sich finden, bemerkt. Diese Angaben über die Stellung der Capitel in der Urschrift treffen in den meisten Fällen mit der Aufeinanderfolge in der mittelhochdeutschen Uebersetzung zusammen. Ein Umstand ist dabei für unsere Frage von Werth. Die Uebersetzung enthält nur Stücke aus den sechs ersten Büchern des Werkes, und doch hat der deutsche Text sieben Bücher. Aus dem Schlusse des 6. Buchs im deutschen Texte geht hervor, dass Mechthild mit demselben ihr Werk als abgeschlossen betrachtete, aus dem 7. Buche, dass sie ungern die Feder noch einmal aufgenommen hat, um noch einige ihr weiter gewordene Offenbarungen nieder zu schreiben¹).

Daraus folgt mit Wahrscheinlichkeit, dass Heinrich von Halle an dem Buche bereits übersetzt hat, als Mechthild

---

1) VI, 43: Dise schrift die in disem buoche stat, die ist gevlossen vs von der lebenden gotheit in swester Mehtilden herze und ist also getruwelich hin gesetzet, alse si vs von irme herzen gegeben ist von gotte und geschriben von iren henden. Deo gratias.

VII, 36: Ich gerte des zuo gotte, ob es sin wille were, do er es mich liesse verstan, do ich nit mere schribe etc. do wisete mir vnser herre in siner hant ein sekelin und sprach: Ich habo noch wurzen etc.

ihre sechs ersten Bücher vollendet hatte und das siebente noch nicht gesammelt war: also in der letzten Zeit ihres Lebens. Doch wenn auch dies nicht der Fall wäre, wenn er auch nicht bloss das Vorwort sondern seine ganze Uebersetzung erst nach dem Tode seiner Freundin geschrieben hätte: wird er nach ihrem Tode lange damit gewartet haben? Das Vorwort sieht nicht darnach aus. Es spricht sich darin die ganze noch frische Verehrung für die Hingeschiedene aus[1]). Und selbst den nicht wahrscheinlichen Fall angenommen, dass nach dem Tode der Mechthild noch Jahre verflossen, bis die Uebersetzung fertig war, sie ist jedenfalls noch im 13. Jahrhundert entstanden, noch in den 23 Jahren, welche nach dem Tode der Mechthild bis 1300 verflossen. Denn Heinrich von Halle wird selbst das Jahr 1300 nicht viel überschritten haben, wenn er es überhaupt überschritten hat. So viel ist wenigstens aus dem oben erwähnten Capitel der lateinischen Uebersetzung [Blatt 67ᵇ] gewiss, dass er vor Mechthild von Hackeborn gestorben ist[2]). Und nicht minder weist uns ja auch das Alter der Baseler Abschrift für die Uebersetzung auf das 13. Jahrhundert zurück.

So dürfen wir denn mit Sicherheit annehmen, dass Dante der Zeit nach das Buch der Mechthild von Magdeburg aus der Uebersetzung des Heinrich von Halle gekannt haben kann, als er den Plan zu seinem Purgatorium entwarf.

Ob dieses Buch nun aber auch der Art ist, dass es die Beachtung eines Dante in so hohem Masse auf sich ziehen konnte? Ich müsste hier nur wiederholen, was ich über den Geist und die poetische Kraft dieses Werkes in meiner Besprechung der Morel'schen Edition früher bereits bemerkt habe. Ich glaube sagen zu können: unter

---

1) Vergl. Anhang 1.
2) s. Anhang 2: Soror Mechtildis quae postmodum supervixit.

den bekannteren Werken dieser Gattung bis zum Schlusse des 13. Jahrhunderts reicht keines an die Bedeutung dieses Werkes. Nur der zweite selbständige Theil des Buches der Nonne Gertrud lässt sich in einer Hinsicht an Werth etwa mit ihm vergleichen. Zu dem an sich Bedeutenden des Buchs der Magdeburger Begine kommt aber eine besondere Verwandtschaft mit Dantes Dichtung noch hinzu. Denn es ist kaum ein anderes Werk visionärer Frauen, das nach so verschiedenen Seiten hin sich mit dem Dante's vergleichen liesse. Die Geschichte der Gegenwart wie der Zukunft, Lehre wie Prophetie, Individuellstes wie Allgemeinstes kommen hier auf Grund einer Seelenrichtung zu Worte, die ihr einziges und höchstes Ziel in der unmittelbaren Vereinigung mit der Gottheit sucht, und zu dem Allen bilden die Schilderungen der Hölle, des Fegfeuers, des Paradieses den bleibenden Hintergrund.

Dieses Werk, welchem man es so sehr anmerkt, wie bei seiner Entstehung die Zeit mitgeholfen und das hinwieder der Zeit Regel und Ziel stellt, mochte aber auch noch einem Sänger wie Dante, den die höchste und heiligste Liebe durch alles aufwärts führt, vielfach wie ein Echo seiner eigenen Seele klingen. Ein Geist wie der seine konnte sich wohl von der Innigkeit und Zartheit, wie von dem Schwung und der Begeisterung angezogen fühlen, mit welcher hier jene Liebe sich ausspricht. „Hätte ich dich doch nie erkannt" — so klagt die Seele bei Mechthild in süssem Verdrusse ihrer Kämmrerin, der Minne, ihre Noth: „du hast mich gejagt, gefangen, gebunden und so tief verwundet, dass ich niemals werde gesund". Aber die Minne antwortet: „dass ich dich jagte, das lüstete mich; dass ich dich fing, das begehrte ich; dass ich dich band, des freute ich mich — Ich habe den allmächtigen Gott vom Himmel getrieben und ihm

genommen sein menschlich Leben — Wie möchtest du schnöder Wurm vor mir genesen"[1])?
Von ihrer Sehnsucht getragen kommt die minnende Seele geschwungen als ein Adler aus der Tiefe in die Höhe: Du jagest sehr in der Minne, ruft ihr der Herr zu: Sage was bringest du mir, mein Königinne? „Herr ich bringe dir mein Kleinod", antwortet sie, „das ist grösser denn die Berge, breiter denn die Welt, tiefer als das Meer, höher denn die Wolken, schöner als die Sonne, mannigfaltiger als die Sterne". — Und wie heisset, so fragt der Herr weiter, dein Kleinod? „Herre es heisset meines Herzens Lust. Die hab ich der Welt entzogen, mir selbst vorbehalten und allen Creaturen versagt. Nun kann ich sie nicht weiter tragen. Herre wohin soll ich sie legen?" Und der Herr spricht: deines Herzens Lust sollst du nirgends legen denn in mein göttlich Herze [2]).

„O Weib das an der Liebe Strahlen sich wärmt," so redet Dante seine Matelda an, und er hört sie singen und sieht sie über Blumen her im Wirbeltanze sich entgegenschweben. Gewiss unsere Mechthild brauchte nicht eben die „lautbare Stimme" der Mechthild von Hackeborn zu haben, an welche Lubin erinnert, oder die Sangmeisterin von Helfta gewesen zu sein, welche Böhmer in der jüngeren Mechtild zu finden glaubte [3]), um von Dante uns als Sängerin auf blumenreicher Aue vorgeführt zu werden.

---

1) Morel I. 3. Cod. Bas. f. 75ᵃ: De cruciatu animae ab amore.
2) Morel I, 39 ff. Cod. Bas. f. 72ᵇ: Et ecce festinans venit exagitata tanquam cervus desiderans ad me fontem vivum et tanquam aquila de profundo volitans in excelsum. Tu valde festinas in amore, o regina etc.
3) Dass die Mechthild von Hackeborn nicht die Sangmeisterin des Klosters, Mechthild, gewesen, deren Bild also nicht zur Charakterisirung der Mechthild von Hackeborn verwendet werden dürfe, gedenke ich in meiner Geschichte der deutschen Mystik nachzuweisen.

III.

So war die Begine Mechthild wohl bedeutend genug, um auf Dante Eindruck machen zu können und von ihm zum Typus für jene Stufe des Schauens, die wir als praktische Mystik bezeichnet haben, verwendet zu werden. Aber hat er ihr Werk, das er der Zeit nach kennen konnte, und das er, wenn er es kannte, der Beachtung werth finden durfte, nun auch wirklich für seine Dichtung verwendet? Ich sagte, es sei sehr wahrscheinlich, dass er dies gethan habe, und dass seine Matelda keine andere als unsere Mechthild von Magdeburg, die Verfasserin des fliessenden Lichts der Gottheit sei.

Ich will in Folgendem den Nachweis zu geben versuchen. Mechthild beginnt ihre Vision von der Hölle:

Ich habe gesehen ein stat,
Ir name ist der ewige hass.

Und Dante liest über dem Eingang zur Hölle die bekannten Worte:

Der Eingang bin ich zu der Stadt der Trauer,
Der Eingang bin ich zu dem ewgen Schmerze,
Der Eingang bin ich zum verlornen Volke [1]).

Nach Mechthild ist die Stadt gebauet von den Steinen der Hauptsünden und je grösser die Sünde, desto tiefer ist die Stätte des Sünders [2]). Auch bei Dante waltet dieses Gesetz. Im obersten Theile ist nach Mechthild die Pein am mindesten, da sind die Heiden nach ihren Werken eingeordnet — und Dante sagt:

So schritt er vorwärts und liess ein mich treten
Zum ersten Kreise, den der Abgrund gürtet —

---

1) Lux div. f. 86ᵇ: Vidi civitatem horribilem et infelicem, cuius nomen est odium aeternum.
Inf. III, 1, sg: Per me si va nella città dolente:
Per me si va nell' eterno dolore:
Per me si va tra la perduta gente.
2) s. Anhang 11.

Jetzt sollst du wissen, eh du weiter gehest,
Dass sie nicht Sünder waren und doch gnügte
Nicht ihr Verdienst, weil sie der Tauf ent-
behrten [1]).

Nach Mechthild ist in dem niedersten Theil der Hölle
das Feuer und die Finsterniss und Stank und Eisunge und
allerlei Pein allergrösst. Da sitzt Lucifer und es fliesst aus
seinem feurigen Herzen ohne Unterlass alle Sünde und
Pein in Hölle, Fegfeuer und auf Erden. Auch bei Dante
sitzt Lucifer im niedersten und finstersten Orte und

Wenn er so schön war, als er jetzt ist scheusslich,
Und hob das Aug auf gegen seinen Schöpfer,
Muss alles Weh von ihm sich her wohl
schreiben [2]). (34, 36.)

Von den Qualen und Demüthigungen der grössten
Sünder sagt Mechthild unter anderm: Die falschen Heiligen
setzt er in seinen Schoss und küsset sie viel gräulich, die
Wucherer nagt er ohn Unterlass, den Geizigen frisst er.
Dante sieht drei Gesichter an seinem Kopf und

---

1) L. div. f. 86ᵇ, s. Anhang 11. In suprema vero parte poena tole-
rabilior est, ubi gentiles malorum suorum recipiunt talionem.
 Inf. IV, 23 sg: Così si mise, e così mi fe' entrare
Nel primo cerchio che l'abisso cigne.

— —

Or vo' che sappi, innànzi che più andi,
Ch'ei non peccaro: e s'egli hanno mercedi,
Non basta, perch' e' non ebber battesmo.
2) L. div. l. c.: Lucifer in profundissimo inferni loco residet suo
scelere alligatus. De eius cordis spurcitia et horrendissimi oris cavea
indesinenter peccata effluunt omnia, poenae, dolores, scandala, per quae
infernus, purgatorium . . . mirabiliter cruciantur.
 Inf. 34, 34 sg: S'ei fu sì bel com'egli è ora brutto,
E contra 'l suo Fattore alzò le ciglia,
Ben dee da lui procedere ogni lutto

In jedem Mund zermalmt er mit den Zähnen
Gleichwie mit einer Breche einen Sünder *).

Mechthild sagt von den Schrecknissen, die sie da schaut:
Da ich von Gottes Gnade diese Noth hatte gesehen, da ward
mir Armen so viel wehe, dass ich nicht mochte sitzen noch
gehn, und war aller meiner fünf Sinne ungewaltig dreier
Tage, als ein Mensch den der Donner hat geschlagen.

Und Dante:
Er schwieg, und rings erzitterten die düstren
Gefilde plötzlich so, dass mich der Schrecken,
Wenn ich dran denke, noch im Schweisse badet.

Vom thränenreichen Land erhob ein Sturm sich,
Begleitet von der Blitze rothem Leuchten,
Das jeglicher Empfindung mich beraubte
Und nieder fiel ich wie vom Schlaf umfangen.

Mir brach den tiefen Schlummer in dem Haupte
Ein schwerer Donner so, dass ich mich schüttelt,
Gleich einem, welcher mit Gewalt geweckt wird.

— Ich fand mich an dem Rande — des Abgrunds,
Endlosen Jammers Donnertön umschliessend *).

3) l. c.: Ypocritas in sinu suo collocat et horrendo ore deosculans sic alloquitur etc. Usurarium semper rodit — — avarum diro morsu devorat.

Inf. 34, 55: Da ogni bocca dirompea co' denti
Un peccatore a guisa di maciulla.

2) l. c.: Cum auxiliante deo has poenarum diversas materias perspexissem, infirmatum est miserum corpus meum, ex fetore et insueto calore adeo laesum, quod nec ambulare valui vel sedere et per triduum omnis humani sensus sic impotens permansi tanquam homo tonitruo fulminatus.

Inf. III, 130 sg.: Finito questo, la buia campagna
Tremò sì forte che dello spavento
La mente di sudore ancor mi bagna.
La terra lagrimosa diede vento,
Che balenò una luce vermiglia,
La qual mi vinse ciascun sentimento;
E caddi, come l'uom cui sonno piglia.

Ich habe diese Stellen vornehmlich angeführt, weil ich, von der dichterischen Kunst Dante's natürlich abgesehen, eine Verwandtschaft in der Auffassung und Individualisirung des Stoffs, in der Weise, wie die Subjectivität des Darstellers sich einmischt, in der Stimmung, die in diesen Darstellungen liegt, wahrzunehmen glaubte. Anders schon verhält es sich mit einer zweiten Parallele, in welcher das Einzelne mit dem Einzelnen sich viel unmittelbarer deckt; denn wenngleich auch die vorhin angeführten Stellen solcher unmittelbarer Beziehungen mir nicht zu entbehren scheinen, so könnte ja immer hier noch daran erinnert werden, dass sich Aehnliches auch anderwärts finde. Aus der nun folgenden Gegenüberstellung aber wird sich ein unmittelbares Anlehnen auch an die Form des gleichartigen Inhalts bei Mechthild erkennen lassen. Die Stellen betreffen die Noth der Kirche vor dem Aufkommen der Bettelorden und die Hilfe durch letztere.

Nach dem lateinischen Texte sagt da Mechthild: Das Volk Gottes, der göttlichen Wege vergessend, ging in der Irre. Und Dante:

Die Heerschaar Christi, die so viel gekostet
Sie zu bewaffnen, folgte langsam
Voll Furcht und in geringer Zahl der Fahne [1]).

Mechthild fährt fort: Da hat der barmherzige Vater Vorsorge getroffen für seine Auserwählten — aus Gnade. Und Dante:

IV, 1 sg.: Ruppemi l'alto sonno nella testa
Un greve tuono, si ch'i' mi riscossi,
Come persona che per forza è desta.

1) Lux div. f. 62—63 s. Anhang 9.: — — coeperunt lapsu temporis magistri ecclesiae negligentius agere populusque immemor multitudinis miseriae dei a mandatorum eius rectitudine oberrando deviare.

Par. XII, 37 sg: L'esercito di Cristo, che sì caro
Costò a riarmar, dietro all' insegna
Si movea tardo, sospeccioso e raro:

Als jener Kaiser, der ohn Ende herrschet,
- Vorsorge für das unentschlossene Kriegsvolk
Aus blosser Gnade traf, nicht weil es
würdig [1]).

Mechthild: Und hat zu gleicher Zeit von seiner Braut der Kirche ein Zwillingspaar erzeugt zum Heile seiner Gläubigen. Dante:

Und wie gesaget kam er mit zwei Kämpen
Zu Hülfe seiner Braut, auf deren Thaten
Und Worte das verirrte Volk zurückkam [2]).

Mechthild: Dieses Zwillingspaar sind die beiden Orden der Minoriten und Prediger, deren Wurzeln und Ursprung Franziskus und Dominikus sind. Und Dante sagt von Dominikus und zwar mit der Bemerkung, dass, was er von dem einen sage, auch vom andern, Franziskus, gelte:

Von ihm entstanden dann verschiedene Bäche,
Davon sich wässert der katholsche Garten
Drob grünender jetzt seine Zweige stehen [3]).

---

1) L. c.: At deus misericors, pater omnium nostrum (im vorhergehenden Capitel: Princeps magnus — excelsus hic princeps deus pater est), electorum suorum curam gerens — per gratiam progenuit . .

Par. 1. c.: Quando lo imperador, che sempre regna,
Provvide alla milizia, ch'era in forse,
Per sola grazia, e non per esser degna;

2) L c.: curam gerens uno tempore duos quasi gemellos de sponsa sua sive ecclesia per gratiam progenuit, fratrum suorum fidelium in salutem.

l. c.: E, com' è detto, a sua sposa soccorse
Con duo campioni, al cui fare, al cui dire
Lo popol disviato si raccorse (cf. oben — populusque deviare).

3) l. c.: Huius matris gemini fratrum minorum et praedicatorum ordines sunt, quorum radices et origenes beatissimi Franciscus et Dominicus existunt.

Par. XI. 28 sg.: La provvidenza, che governa il mondo

Mechthild: Aber was jene noch treu bewahrten, wie ist das jetzt verfallen! Und je mehr es verfällt, desto schwächer wird der Orden, desto schneller wird er untergehn. Und Dante:

> Allein das Gleis — ist jetzt verlassen,
> So dass wo Weinstein war sich Schimmel findet,
> Und seine Schaar, die mit den Füssen grade
> Auf seiner Spur einst ging, ist so gewendet,
> Dass sie das Vorderste nach Hinten kehret [1]).

Mechthild: Doch wird zuvor von dem treuen Vater ein anderer Sohn gezeugt werden, der sein Volk nicht verlassen wird. Und Dante:

> Però ch'andassa ver lo suo Diletto
> La sposa di Colui che ad alte grida
> Disposò lei col sangue benedetto,
> In sè sicura ed anche a lui più fida,
> Duo principi ordinò in suo favore,
> Che quinci e quindi le fosser per guida.

Franziskus und Dominikus werden nun charakterisirt, dann heisst es weiter:

> Dell' un dirò, perocchè d'ambe due
> Si dice l'un pregiando, qual ch'uom prende,
> Perchè ad un fine fùr l'opere sue.

Par. XII. 103 sg.: Di lui (Dominicus) si fecer poi diversi rivi,
> Onde l'orto cattolico si riga,
> Sì che i suoi arboscelli stan più vivi.

1) 1 c.: Heu quae et quanta defecerunt, quae isti patres fideliter servaverunt.

Par. XII. 112 sg.: Ma l'orbita, che fe' la parte somma
> Di sua circonferenza, è derelitta,
> Sì che è la muffa dov' era la gromma,
> La sua famiglia, che si mosse dritta
> Co' piedi alle sue orme, è tanto volta,
> Che quel dinanzi a quel diretro gitta.

Wohl sag ich, dass wer Blatt für Blatt in unserm Buch suchen wollte, wohl noch Seiten fände, Woselbst er läs': Ich bin der einst ich pflegte [1]).

Auch anderwärts sind ähnliche Ansichten und Urtheile über die Bedeutung und den Verfall der Bettelorden ausgesprochen; aber was hier auffällt, ist der parallele Fortschritt und der gleichartige Zusammenhang der Sätze in den drei ersten und in den letzten dieser Stellen.

In der zuletzt angeführten Stelle lässt Dante eine zukünftige Hilfe hoffen. Die weiteren Andeutungen des Dichters über diese Hilfe werden neue Gründe für die Annahme liefern, dass auf Dante die Schrift der Mechthild von Einfluss gewesen sei. Es sind Gründe, welche in den Andeutungen Dante's über die Natur dieser Hilfe und in der eigenthümlichen Form liegen, in welcher diese Andeutungen gegeben werden.

Dante findet sich im Eingang seines grossen Gedichtes verirrt in einem dunklen Walde. Drei Thiere hemmen ihn da, „den Wonnehügel" zu ersteigen, „der Grund und Anfang ist von aller Freude": ein Pardel, ein Löwe und eine Wölfin. So ist die sündige Welt beherrscht von den Lastern der Wollust, des Stolzes und der Habgier. Sie hemmen das Aufstreben zu göttlicher Erkenntniss und heiligem Leben. Am meisten schreckt Dante die Wölfin. Und Virgil, welcher dem Dichter in seiner Bedrängniss erscheint, deutet für diesen auf einen besonderen Weg, da fürs Erste die Besiegung des die Wildniss beherrschenden Thieres nicht zu erwarten sei.

---

[1] l. c.: Tamen prius a patre fideli alter nascetur filius, qui suum populum non relinquit.

   l. c.:   Ben dico, chi cercasse a foglio a foglio
              Nostro volume, ancor troverìa carta,
              U'leggerebbe: I'mi son quel ch'io soglio.

Denn dieses Thier, wesshalb du riefst um Hülfe,
Lässt keinen frei hinziehn auf seiner Strasse,
Ja, hindert ihn so sehr, bis es ihn tödtet.
Und von Natur ist es so schlimm und boshaft,
Dass nimmer es den giergen Trieb befriedigt,
Und nach dem Frass mehr als vorher noch hungert.
Viel Thiere sind, mit denen es sich paaret,
Und mehr noch werden sein, bis einst der Windhund
Erscheint, der es vor Schmerz wird sterben machen¹).

Indem wir von der wohl als gesichert zu betrachtenden Annahme ausgehen, dass die Wölfin die Habgier ;bedeute, untersuchen wir, was Dante von dem Windhunde, dem Veltro sagt, der die Wölfin dereinst werde sterben machen. Von den verschiedenen Deutungen, welche diese berühmte Stelle erfahren, hat keine bisher genügen wollen. Die angesehensten Ausleger entscheiden sich für einen weltlichen Herrscher, wiewohl sie zugestehen, dass die Deutung auf eine bestimmte Persönlichkeit, wie Heinrich VII., Ugguccione della Faggiola, Can grande della Scala nicht zu lösende Schwierigkeiten habe. Noch viel weniger lässt sich die Deutung auf den Dominikaner-Papst Benedict XI. halten.

Wir lassen die Bezeichnung des Retters als Veltro fürs Erste unerörtert, und untersuchen, was Dante über das Wesen des Veltro und die Art der durch ihn kommenden Hilfe sagt. Im Anschluss an die obigen Zeilen sagt Dante mit neu anhebender Strophe:

Questi non ciberà terra nè peltro,
Ma sapienza ed amore e virtute
E sua nazion sarà tra feltro e feltro.

Nach der gewöhnlichen Auffassung ist die Uebersetzung:
Nicht wird von Erd er und Metall sich nähren,
Allein von Weisheit, Tugend und von Liebe,
Geboren wird er zwischen Feltr' und Feltro.

---
1) Inf. I, 94 sg.

In der hierauf folgenden Strophe wird das Heil, das er bringt, mit Hinweis auf Persönlichkeiten der Virgil'schen Dichtung, die einst für Italien sich geopfert hätten, angekündigt:

> Dem armen [1]) Welschland wird zum Heil er werden,
> Für das Camilla starb, die Jungfrau, Turnus
> Und Nisus und Euryalus an Wunden.

Und eine weitere Strophe schliesst dann, was über den Veltro gesagt ist, mit dem Hinweis auf die Wirkung dieser Hilfe ab:

> Der wird es hin durch alle Städte jagen,
> Bis in die Höll er es zurückgetrieben,
> Woraus der erste Neid es einst hervorrief.

Aus den drei ersten der mitgetheilten Strophen, sowie aus den beiden letzten ist ersichtlich, dass je eine Strophe mit ihren drei Zeilen zur Ausprägung eines in sich geschlossenen Gedankens dient. Es ist dies die Natur der Dante'schen Strophe überhaupt und wo sie davon abweicht, da rechtfertigt es sich aus der Art des Gedankens von selbst. Hievon macht nun jene Strophe, welche das Wesen des Veltro beschreibt, eine Ausnahme, wenn man die dritte Zeile wie gewöhnlich übersetzt:

> Geboren wird er zwischen Feltr' und Feltro.

Es schiebt sich dann diese Zeile zwischen die beiden vorhergehenden, welche das Wesen des Veltro im Gegensatz zur Wölfin schildern, und zwischen die unmittelbar folgende Strophe, welche die Frucht benennt, die aus solchem Wesen reift, unvermittelt und unvermittelnd, störend und matt klingend zwischen ein. Man würde eine Bemerkung über den Geburtsort etwa als Abschluss dessen, was vom Veltro

---

1) In diesem Sinne wird umile von den Meisten genommen. Nach einer andern auch von Döllinger vertretenen Ansicht, die sehr viel für sich hat, ist umile Italia die Niederung des westlichen Mittelitaliens, das classische und entscheidende Hauptland der Dante'schen Monarchie.

gesagt ist oder man würde sie wenigstens in einem andern Zusammenhang erwarten. Ja die geographische Deutung macht die Zeile um so matter, als letztere noch durch eine Conjunction mit dem Vorhergehenden verbunden ist, welche eine Fortführung des Gegensatzes oder ein dem vorhergehenden sonst entsprechendes Gedankenglied erwarten lässt. Dazu kommt, dass man, um die geographische Deutung aufrecht zu erhalten, das feltro e feltro, ich weiss nicht mit welchem Rechte, in Feltre e Montefeltro umsetzt, obwohl die Zeile auch so noch eine crux interpretum bleibt. Ich möchte darum die schon einmal vorgeschlagene wörtliche Uebersetzung von feltro mit Filz, wonach etwa zu übersetzen wäre:

Und seine Statt [1]) wird zwischen Filz und Filz sein, durchaus keine abenteuerliche nennen, falls sich nur herausstellen würde, dass sich damit ein den beiden vorhergehenden Zeilen entsprechender Sinn verbinden liesse. Und ein solcher liegt durchaus nicht so ferne. Offenbar wird doch in der ersten Zeile der Veltro in einen Gegensatz zur Wölfin gestellt, indem von ihm gesagt wird, dass er nicht von Erde und Metall sich nähre, und diesen Gegensatz spricht dann die zweite Zeile in positiver Weise aus, indem gesagt wird, was seine Speise den Schätzen der Erde gegenüber sein werde. Sollte nun nicht in weiterer Fortführung des Gegensatzes durch die dritte Zeile gesagt sein können, wie äusserlich dürftig sein Weilen und Wohnen sein werde dem gegenüber, was die Erde an üppiger Freude zu bieten vermag? Einen geographischen Ton oder Anstrich hat die Stelle allerdings; nur dass es eben Anstrich und nicht die Sache selbst ist.

Aber auch bei der folgenden Strophe, in welcher von

---

1) nazion kann auch Heimath, Stammsitz bedeuten, in welchem Sinne wir es hier nehmen.

dem Heile die Rede ist, welches der Veltro der „umile Italia" bringen soll, hat man nicht die nöthige Rücksicht auf die Namen genommen, an welche hiebei erinnert wird. Diejenigen, welche bei dem Veltro an einen weltlichen Herrscher denken und an ein siegreiches Eingreifen, wie es irdische Machtstellung möglich macht, vermögen nicht zu erklären, warum Dante gerade hier an Persönlichkeiten der Virgil'schen Dichtung erinnert, welche alle im Kampfe untergegangen sind. Von einem Heil, welches nicht ohne Selbstaufopferung dessen, der es bringt, eintreten wird, scheint doch offenbar Dante hier reden zu wollen. Dann wird aber auch sein Sieg über das Thier, die Wölfin, von welchem in der folgenden Strophe die Rede ist:
> Der wird es hin durch alle Städte jagen,
> Bis in die Höll er es zurückgetrieben,
> Woraus der erste Neid es einst hervorrief,

anderer Art sein, als ihn weltliche Herrscher zu erringen vermögen.

Bei solcher Auffassung nun dürfte sich die Stelle über den Veltro vielmehr jenen Stellen in Dantes Gedicht anschliessen, welche für die verfallene Christenheit eine Hilfe geistlicher Art erwarten lassen. Eine dieser Stellen haben wir bereits angeführt, jene, welche im Anschluss an die Schilderung des Verfalls der beiden Bettelorden auf eine Erneuerung derselben zu deuten scheint. Ebenso knüpft eine andere die Verkündigung einer Hilfe unmittelbar an die Klage über den Verfall der Orden, Par. XXII, 94 ff.:
> Doch traun! den Jordan rückwärts abgewendet
> Und fliehn das Meer zu sehn, als Gott es wollte,
> War wunderbarer nicht als hier die Hülfe.

Und bessere Hirten scheint doch auch Petrus Par. XXVII, 55 ff. erwarten zu lassen, wenn er der Herde Gottes Schutz in Aussicht stellt, wiewohl wir die Hinweisung auf Scipio als ein Räthsel einstweilen noch stehen lassen müssen;

>In Hirtenkleidern sind raubgierge Wölfe
>Dort unten jetzt zu schaun auf allen Weiden:
>O Gottes Schutz, was ruhest du noch immer!
>Doch die erhabne Vorsicht, die durch Scipio
>Dem Weltruhm Roms Vertheidigung gewährt hat,
>Schafft hier auch Hülfe bald wie ich erkenne!

So scheint denn Dante nach diesen Stellen für das namentlich durch Habgier zerrüttete christliche Gemeinwesen eine Hilfe geistlicher Art zu erwarten. Der Wölfin gleich beherrscht und knechtet die Habgier die Welt, selbst die Hirten der Christenheit sind zu Wölfen geworden; aber ein Windhund wird zum Heile, zur Vertheidigung kommen und die Wölfin zurückscheuchen in die Hölle, der sie entstammt. Nicht Erde noch Metall, sondern Weisheit, Tugend und Liebe wird seine Speise und zwischen Filz und Filz wird seine Heimstätte sein. Und für ein Gemeinwesen wird er eintreten, für das in seinen Anfängen schon edles Blut geopfert worden ist.

Vergleichen wir nun mit diesen Anschauungen Dante's die der Mechthild von Magdeburg. Ich setze zuerst die Stelle hieher, welche vom Verfall der Kirche handelt. Sie möge hier vollständig Platz finden, nicht sowohl um einzelner Züge willen, welche dieses Bild mit den verschiedenen Schilderungen des Verfalls bei Dante gemein hat, denn Aehnliches findet sich auch in andern Schriften jener Zeit: als um deswillen, weil sie wie die verwandten Stellen bei Dante den Hintergrund zu der Weissagung von der Hilfe bietet, und weil sie durch die Erhabenheit der Sinnesrichtung, sowie durch die Kraft und Kühnheit der Rede eine Verwandtschaft mit Dante's Geist offenbart.

Nach dem lateinischen Texte, gegen welchen die mittelhochdeutsche Uebersetzung mehrfach als abgeschwächt erscheint, hört Mechthild den Herrn in folgender Weise zu dem Klerus und dem Papste sprechen:

„O du glänzende Krone der heiligen Kirche, wie ist von hässlichem Russe dein Glanz verdunkelt! Deine köstlichen Steine, die heiligen Lenker und Lehrer, sind dir entfallen, und deine Sittenlosigkeit gereicht dem Volke Gottes zur Schwächung und zum Aergerniss. Dein Gold ist verfaulet im Pfuhle der Laster. Du bist bettelarm geworden und dir fehlt der köstlichste Schatz — die Liebe. Verbrannt ist und schwarz geworden über den Kohlen im Feuer der schändlichsten Begierden, o Braut, das Antlitz deiner so lauteren Keuschheit. Deines Hauses Bau ist zusammengebrochen, als das Fundament, die tiefe Demuth, durch den Hochmuth umgestürzt wurde, und verschwunden ist das schlichte Wesen deiner Wahrhaftigkeit und auf deinen Lippen wohnt die Lüge und die Bosheit des falschen Wesens. Die Blumen der Tugend und Ehrbarkeit in dir sind abgefallen und verwelkt, und deine Frucht ist verdorben und weggetilgt von der Erde. O du Krone meiner auserwählten Priesterschaft, wie bist du geniedrigt und wie ist die Schönheit deines Anblicks geschwunden! Nun ist an dir keine Gestalt noch Schöne und keine Kraft ist dir geblieben als jene, welche der Anlass deines Zerfalls war, die klericale Jurisdiction, mit welcher du Gott und seine Auserwählten bekämpfest und sprichst den Gottlosen gerecht um Geschenkes willen und nimmst dem Rechtschaffenen sein Recht. Darum hat Gott beschlossen dich zu erniedrigen und es wird über dich kommen die Rache am Tag, da du es nicht meinst, und zur Zeit, die du nicht kennst, denn also spricht der Herr: Ich will dem obersten Priester das Ohr öffnen und sein Herz innerlich rühren mit dem Wehe meines Grimms, darum dass meine Schafhirten von Jerusalem Räuber und Wölfe geworden sind. Vor meinen Augen morden sie meine Lämmer mit Grausamkeit und verschlingen sie. Auch die grösseren

Schafe sind matt und schwach darum dass ihr sie wegruft von der gesunden Weide und es nicht zulasst in euerer Gottlosigkeit, dass sie sich nähren auf den hohen Bergen mit den grünen Kräutern; denn mit Drohen und Schelten wehrt ihr es, dass man ihrer pflege mit der gesunden Lehre und den heilsamen Rathschlägen derer, die gross sind an Glauben und Wissen. Wer den Weg zur Hölle nicht weiss und begehrt ihn zu wissen, der sehe Leben und Sitten der schändlichen und entarteten Pfaffen an, die mit frevler Meisterschaft in Ueppigkeit und andern Lastern unaufgehalten den Weg zur Hölle eilen".

„Wenn das hergebrachte Kleid alt wird", so heisst es bei Mechthild weiter, „dann deckt es überall nicht mehr und wärmt es auch nicht mehr: darum ist noth, dass ich mit neuem Mantel decke und schirme meine Braut, die Kirche: **und das sind die Prediger der letzten Zeit, durch die ich sie ankleide und schirme wider die Fallstricke und die Bosheit des Antichrist.** Darum auf mein Sohn, Papst und oberster Priester, der du meine Stelle auf Erden vertrittst, sei jenen förderlich mit allem Eifer, auf dass ich dein Leben verlängere und die Gnade dir mehre! Denn deine Vorgänger sind so schnell dahin gegangen [1]), weil sie den verborgenen Rath meines Willens nicht erfüllt haben." (s. Anhang 4.)

Sollten nicht jene **Prediger der letzten Zeit**, welche statt der selbst zu Räubern und Wölfen gewordenen Hirten die Christenheit „**schirmen wider die Fallstricke und die Bosheit des Antichrist**" — der Veltro Dante's sein? [2])

---
1) Alexander IV. 1254—1261, Urban IV. 1261—1264, Clemens IV. 1265—1268, Gregor X. 1271—1276. Der Stellung nach, welche obiges Capitel in der Urschrift einnahm, Lib. VI, Cap. 21, kann der angeredete Papst nur Gregor X. sein.
2) Auch Döllinger: „Dante als Prophet", ak. Vortrag (ungedr.), deutet die Stelle auf einen Orden. Ueber den Inhalt dieser Abhandl. cf. Sitzungsber. 1870. I, S. 112.

Dante sagt vom Veltro:
> Nicht wird von **Erd** er und **Metall** sich nähren —

Und Mechthild von jenen Predigern der letzten Zeit:
> Sie haben nicht **Silber** noch **Gold** und tragen die zahlreichen Beschwerden der Armuth.

Dante fährt fort:
> Sondern von **Weisheit, Tugend** und von **Liebe** —

Und Mechthild sagt:
> Sie werden die früheren Prediger an **Weisheit, Gewalt, Armuth** und **Glut des Geistes** übertreffen.

Bei Dante heisst es weiter:
> Und seine Statt wird zwischen **Filz** und **Filz** sein.

Und bei Mechthild:
> Auf Stroh sollen sie schlafen, **ein weisses Wollentuch auf dem Lager und ein anderes von gleicher Farbe über sich**[1]). Aller Orten sind sie Fremdlinge und Gäste und haben keine Heimstätte.

Sicher ist in dieser auf das Höchste gerichteten Sinnesart und in dieser der Welt und ihren Gütern entfremdeten Lebensweise das Vorbild für den Veltro Dante's zu suchen, dessen Speise nicht Erde und Metall, sondern Weisheit, Liebe und Tugend, dessen Weise des Weilens und Wohnens nicht die der weltlichen Ueppigkeit, sondern der Armuth und Entbehrung sein wird.

Doch scheint bei Dante der Veltro kein Collectivbegriff, sondern eine bestimmte Persönlichkeit zu sein. Aber auch bei Mechthild fasst sich alles in einer einzigen Persönlichkeit

---

1) Laneum pannnm album habentes super stratum et alium eiusdem coloris super se. cf. f. 67ᵇ in dem Capitel, worin sie dem Decan Dietrich von Magdeburg die Weisung des Herrn übermittelt: Super stramina dormiat **inter duos pannos laneos** (nicht lineos, wie die Handschrift hat, s. die mittelhochd. Uebersetzung). Zu obigen Stellen s. Anhang 6 und 7.

zusammen, welche bei ihr schlechthin „der Prediger" heisst, in dem „ersten Meister dieses Ordens", von welchem vorzugsweise gilt, was von den jüngsten Brüdern im Allgemeinen gesagt wird. Und wie das Wesen des Veltro in jenem Ordensmeister der Mechthild eine ausreichende Erläuterung findet, so macht die weitere Vergleichung mit demselben auch jene Hindeutung auf die Selbstaufopferung des Veltro verständlich, welche die gewöhnliche Erklärung als ein ungelöstes Räthsel bisher stehen lassen musste.

Denn wenn Dante von dem Veltro sagt, er werde jenem Italien zum Heile dienen, für das Camilla und Nisus und Euryalus an Wunden gestorben seien, so hat diese Hindeutung auf ein Heil, welches unter Selbstaufopferung erzielt wird, ihr Vorbild zunächst in dem, was Mechthild von jenem Haupte der Prediger sagt: „dann kommen die Boten des Antichrist und durchstechen den heiligen Prediger mit eiserner Stange um seiner christlichen Lehre willen," und dann auch darin, dass viele seiner Ordensbrüder den Tod für die Wahrheit erleiden müssen.

Bei Dante ist es der Wald, aus welchem die Wölfin den Aufgang zur Höhe verhindert. Auch dieser hat in Mechthild sein Vorbild: denn Henoch und Elias werden jenen Predigern und den Gläubigen aus dem Paradiese zu Hilfe kommen „um sie zu trösten und aus dem Walde zu führen, und um zu predigen und zum Tode zu bereiten [1]".

Nach Dante wird der Veltro die Wölfin vor Schmerz sterben machen, er wird sie hin durch alle Städte jagen, bis er sie in die Hölle zurückgetrieben. Und bei Mechthild heisst es:

„Aber dann werden jene Brüder unter Gefahr ihres Lebens den katholischen Glauben predigen — und weil diese Brüder ein heiliges Leben führen, so werden Viele im Volke

---

[1] f. 70: — ut eos consolentur et educant de nemore, ut praedicent et ad mortem praeparent.

mit ihnen das Martyrium theilen. Viele Juden und Heiden werden, ergriffen im Herzen, den katholischen Glauben und die Taufe von ihnen annehmen — dann scheiden sich die Guten von den Bösen." Den Schluss von Mechthildens Schilderungen bilden die weiteren Bedrängnisse, die Stärkung der Gläubigen durch Henoch und Elias und ein Capitel, welches auf Christus den Weltenrichter mit der Wage in der Hand hinweist.

Der Art wird also die Hilfe sein, dass dem Einflusse des Antichrist alle Guten, wenn auch unter Leiden und Marter, durch die Prediger der letzten Zeit entzogen werden, womit der völligen Vernichtung der Macht des Antichrist durch die schliessliche Erscheinung Christi der Weg bereitet wird. An der Spitze aber der Prediger steht jener Meister, welcher im Dienst für das Heil der bedrängten Christenheit sein Leben opfert.

Noch aber bleibt die Frage übrig, wie Dante darauf geführt worden sei, den Helfer wider die Wölfin Veltro Jagdhund, Windhund zu nennen. Die nächste Erklärung scheint mir Dante selbst zu geben mit dem Worte:

Questi la caccerà per ogni villa,
Der wird es hin durch alle Städte jagen.

Wie der Hund die Wölfin von der Herde verjagt oder ihr die Beute abjagt, oder wie der schnelle Windhund auf die Thiere des Waldes gehetzt wurde, so wird jener Helfer von den Seelen den Feind verjagen, der sie in seine Gewalt zu bekommen sucht. Indess könnte hier auch noch eine weitere Beziehung liegen, welche durch das Buch der Mechthild veranlasst wäre. Man ist von der Species auf die Gattung, vom Veltro auf den Cane zurückgegangen und hat hier eine Hindeutung auf den Can grande oder auf den Dominikaner-Papst Benedict XI. gesehen. Denn der Hund mit der brennenden Fackel, welchen die Mutter des Dominikus, als sie mit ihm schwanger ging, im Leibe zu tragen

träumte, ist das Symbol des Dominikanerordens geworden.
Nun ist bei Mechthild in der That jener Orden der letzten
Zeit in engste Verbindung mit dem Dominikanerorden gebracht. Sie liebt, wie sie selbst sagt, den Dominikus vor
allen Heiligen. Ihr Vertrauter, der Uebersetzer ihrer Schrift
ins Lateinische, Heinrich von Halle ist ein Dominikaner.
Und an Angriffe auf den Dominikanerorden knüpft sie ihre
Weissagung von dem Orden der letzten Zeit: „Wird dieser
Orden", so fragt sie den Herrn, „bleiben bis zum Ende der
Welt?" Und der Herr antwortet: „Er wird bis in die letzten
Zeiten bleiben". „Dann", so heisst es unmittelbar darauf
in dem sich anschliessenden nächsten Capitel, „werden Leute
eines neuen Ordens erstehen, welche jene Prediger an Weisheit, Gewalt, Armuth und Gluth des Geistes übertreffen
werden." Auch benennt sie jene Brüder der letzten Zeit
mit demselben Namen praedicatores wie den unmittelbar
vorher mit seiner gewohnten Bezeichnung ordo fratrum praedicatorum angeführten Dominikanerorden. Es bringt also
die Hilfe ein Orden, der in erhöhter Weise das sein wird
was der Dominikanerorden der Kirche war. So könnte also
gar wohl Dante in Erinnerung an diesen andern Dominikus
der Mechthild den Helfer der letzten Zeit als Veltro bezeichnet haben, um so mehr als es ihm ja ohne dies schon
so nahe lag, für die Vertheidigung und den Kampf mit der
Wölfin als Gegner den Veltro zu wählen.

Nun scheint denn aber doch Dante in andern Stellen
auch von weltlicher Seite her eine Hilfe erwarten zu lassen,
und auffallender Weise ist dies gerade bei Stellen der Fall,
nach welchen eine Hilfe geistlicher Art aus dem Zusammenhang oder aus der Gleichartigkeit mit anderen Stellen vermuthet werden muss. Es hat etwas Befremdliches, wenn
in der oben angeführten Stelle Petrus über die zu Wölfen
gewordenen Hirten der Kirche klagt und Hilfe verheisst, und
wenn dann doch bei dieser Hilfe nicht etwa an Franziskus

und Dominikus sondern an Scipio erinnert wird. Und nicht minder befremdlich erscheint es, wenn in der berühmten Stelle Purg. XXXIII, 37 ff. der Retter in der sittlichen Noth der letzten Zeit in ganz gleichartiger Weise wie dort der Veltro handelt und hier doch als Erbe des Adlers, d. i. des Kaiserthums bezeichnet wird. Ich glaube, das Buch der Mechthild wird im Stande sein, auch dieses Räthsel zu lösen. Dante's Worte über den „Erben des Adlers" lauten:

Nicht alle Zeit wird sonder Erben bleiben
Der Adler, der die Federn liess im Karren,
Drum er zum Unthier ward und dann zur Beute;
Denn zweifellos seh ich, und drum bericht ich's,
Den Sternenstand sich nahn, der eine Zeit gibt,
Vor jedem Hinderniss und Hemmniss sicher,
In welchem ein „Fünfhundert zehn und fünfe"
Von Gott gesendet wird die Vettel tödten,
Und jenen Riesen, welcher mit ihr sündigt.

Der Retter, so sagt man hier, ist wie der Veltro ein mächtiger Heerführer, der unter dem Einfluss günstiger Sterne der kaiserlichen Partei das Uebergewicht geben, die Päpste in ihre Gränzen zurückweisen, und das französische Haus, das unter dem Riesen gemeint sein soll, besiegen wird[1]).

Allerdings haben wir hier die gleiche Sache vor uns, wie im ersten Gesange des Inferno, nur dass, was dort von der Wölfin und dem Veltro gesagt wird, hier eine bestimmtere Fassung gewinnt. Denn dort wird von der Wölfin gesagt, dass sie den Wald beherrsche, dass sie mit vielen Thieren sich paare, mit mehreren noch paaren werde, und hier beherrscht die Wölfin auch das Weib auf dem Wagen der Kirche, die geistliche Macht. Sie hat, in dem Weibe eine Stätte gewonnen, ist, so zu sagen, Fleisch und Blut in ihm geworden, so dass dieses nun thut, was dort die Wölfin:

---

1) Vergl. Philalethes zu XXXIII, 37 ff.

das Weib ist zur Fuja, zur Vettel geworden, es buhlt und paart sich mit dem Riesen, d. i. mit der im Hinblick auf die geistliche Macht als Einheit gedachten weltlichen Macht. Schon hier müssen wir das Buch der Mechthild zur Vergleichung beiziehen, wenn gleich die Entscheidung für unsere Frage erst in den folgenden Parallelen liegt. „Dann wird", so heisst es bei Mechthild, „der Antichrist die weltlichen Fürsten an sich ziehen durch Gold und köstliche Steine, und sie hangen ihm darum gerne an und geben ihm das Geleite (ducatum) und ihre Siegel und Briefe. Wehe, wenn er dann zu dem Klerus kommt! Da trifft er ihn bei seinem Geize und bei seiner unerhörten Falschheit und wird solchen Erfolg haben, dass nur noch wenige andere Bischöfe und Prälaten in der Kirche bleiben werden [1]."

Ist dies der Zustand, gegen welchen Dante den Erben des Adlers Hilfe bringen lässt, so wird ja freilich diese Hilfe in keinem andern Sinne gemeint sein, als dort die Hilfe, welche der Veltro bringt. Aber dort schien uns die Hinweisung auf den Opfertod der Camilla nicht einen Sieg, wie ihn ein mächtiger Heerführer zu erringen pflegt, sondern eine Hilfe anzudeuten, welche auf geistlichem, auf sittlichem Gebiete liegt. Wie stimmt nun zu dieser Hilfe die Bezeichnung des Helfers als eines Erben des Adlers oder des Kaiserthums?

Die Lösung dieses anscheinenden Widerspruchs finde ich bis jetzt einzig in dem Buche der Mechthild, und zwar vollständig gerade im lateinischen Texte, da in der mittelhochdeutschen Uebersetzung einige wesentliche Punkte ganz verwischt sind.

Nachdem Mechthild von der geistlichen Hilfe durch die Prediger der jüngsten Zeit gesprochen, welche durch Weisheit, Gewalt, Armuth und Gluth des Geistes sich vor den

---

[1] s. Anhang 8.

früheren auszeichnen und dem Antichrist seine Beute entreissen werden, folgt ein Capitel, welches überschrieben ist: De filio Imperatoris. Und es beginnt mit den Worten: Primus huius ordinis autor erit filius regis Romanorum. Nomen eius interpretatur: Coram Deo Alleluia. Huic papa proximam tribuet potestatem, deinde voluntarie eliget et a papa suscipiet statum istum [1]). Hier ist also die Verbindung der geistlichen Hilfe mit der Hilfe von weltlicher Seite hergestellt und jener scheinbare Widerspruch gelöst. Der Erbe des Adlers, das ist des Kaiserthums, tritt an die Spitze des neuen Ordens. Er ist jener oben erwähnte „Prediger" der letzten Zeit. Dante kannte die weissagenden Schriften, welche dem Abte Joachim von Floris zugeschrieben werden und von den strengeren Franziskanern mit Eifer verbreitet wurden. Er führt in eben jenem Gesange, in welchem er von dem Verfall der Bettelorden spricht, den Abt Joachim als Propheten an, und er legt die Worte, welche die Hilfe andeuten, dem Franziskaner Bonaventura in den Mund, und in jenen dem Joachim zugeschriebenen Schriften, den für ächt gehaltenen sowie den entschieden unächten, ist es ein neuer Orden oder sind es zwei Orden, welche der verfallenen und bedrohten Kirche helfen werden. Aber in diesen Schriften nimmt das Kaiserthum eine feindliche Stellung gegen die Kirche ein, der König des Nordens, der über Rom gebietet, wird gegen den König des Südens d. i. Christus streiten. Eine solche Auffassung dagegen, nach welcher ein Sohn des römischen Kaisers selbst als Retter der Seelen und geistlicher Hirte auftritt, findet sich, so viel mir wenigstens bekannt ist, bis jetzt nur bei Mechthild ausgesprochen.

Man könnte hier einwenden, dass bei Mechthild der Helfer nur als Kaisersohn, nicht als **Erbe des Kaiserthums** bezeichnet werde, wie bei Dante. Aber betrachten

---

1) s. Anhang 7.

wir nur die Worte bei Mechthild genauer: Huic papa proximam tribuet potestatem. Das kann wohl kaum heissen, der Papst werde ihn zu seinem Stellvertreter machen; denn das wäre dann nicht die nächste, sondern die eigene Gewalt, die er ihm übertrüge. Die proxima potestas nach jener des Papstes war nach der Meinung der Zeit die kaiserliche und die Päpste waren es, welche mit dieser Würde bekleideten. So wäre denn auch bei Mechthild der Helfer nicht bloss der Sohn des römischen Königs, sondern auch der, welcher die nächste Gewalt nach dem Papste hat: der Erbe des Adlers. Aber freilich nicht als solcher bringt er die Hilfe, denn so heisst es bei Mechthild weiter: deinde voluntarie eliget et a papa suscipiet ordinem istum, er wird freiwillig jenen Predigerorden erwählen und die Weihe des Papstes hiefür empfangen. Für eben diesen Wechsel der Gewalt aber bietet sich eine weitere Parallele bei Dante.

Es fällt bei Dante auf, dass der Erbe des Adlers, also der Erbe des Kaiserthums nicht unter diesem Namen, sondern unter dem Titel eines dux sein Werk der Hilfe ausrichtet. Denn die römischen Zahlzeichen für „Fünfhundert zehn und fünfe": DXV sind sicher, wie schon die ältesten Commentatoren annahmen, in das Wort DUX umzusetzen. Dieser Umstand erhält nun eine bemerkenswerthe Beleuchtung durch jenen Wechsel in der Stellung des Kaisersohnes bei Mechthild. Denn wie da der Helfer nicht als Inhaber der kaiserlichen Macht, sondern als Haupt des neuen Predigerordens die Hilfe bringt, so ist auch sein Titel nicht der des Kaisers oder Königs, sondern eines Princeps: Primus huius ordinis magister vocabitur — princeps, sagt Mechthild, und dass damit ein stehender Titel gemeint sei, erhellt daraus, dass sie gleich darauf sagt, welchen Titel die zunächst unter ihm stehenden Vorgesetzten haben werden.

Ja auch jene mystische Ziffer selbst, welche Dante zur Bezeichnung des Helfers wählt, ruft uns zu dem Buche der

Mechthild zurück. Sie sagt von dem Kaisersohne, dem der
Papst die nächste Gewalt gibt, und der dann freiwillig jenen
Orden erwählt: Nomen eius interpretatur: Coram Deo Alleluia. Dass man in diesen Worten schon von Anfang an eine
Ziffer verborgen gesehen habe, geht aus der Randglosse der
Baseler Handschrift hervor, welche von der Hand des Abschreibers herrührt und wahrscheinlich auf den Uebersetzer
Heinrich selbst zurückzuführen ist. Es heisst da mit Bezug
auf noch einige andere Worte des Textes, welche angeben,
wie lange jene Ordensbrüder unangefochten predigen werden:
Isti venient 1550 vel 1560 et triginta annos in pace praedicabunt. Postea veniet Antichristus. Und in der That liefert
in der Bezeichnung des Kaisersohnes mit Coram Deo Alleluia das Wort Coram die Zahl CM = 900, das Wort Deo:
D = 500, das Wort Alleluia: LLLVI = 156. Also 900 +
500 + 156 = 1556. Das wäre das 1550 vel 1560 der
Randglosse. 1556 oder in der minderen Zahl 556 erinnert
aber an das 515 Dante's. Sollte Dante vielleicht statt dieser
Ziffer nur deshalb 515 gewählt haben, um das Wort Dux
zu gewinnen, wodurch er sich mit der Bezeichnung des
Kaisersohnes als Princeps bei Mechthild im Gleichgewicht
erhielt?

Es kann wohl sein, dass sich auch sonst noch eine so
eigenthümliche Verknüpfung der geistlichen Hilfe mit dem
Namen des Kaisersohns und eine ähnliche Weise, diese Hilfe
zu kennzeichnen, auffinden werde; aber immer bleibt es
entscheidend, dass Dante für den Ort, wo ihm diese Offenbarung über den Erben, des Adlers gegeben wird, als seine
Führerin eine Matelda nennt. Haben wir richtig gesehen,
dass dem Wesen des irdischen Paradieses bei Dante jene
Stufe der Mystik entspricht, wie sie durch zahlreiche visionäre
Frauen jener Zeiten vertreten ist, dann können bei der
Frage, ob Dante eine derselben zum Vorbild für seine Matelda genommen habe, unter den hieher gehörigen Frauen,

welche den Namen Mathilde tragen, überhaupt nur die beiden von uns besprochenen in Betracht kommen, und ich glaube, dass die gemachten Wahrnehmungen die Wagschale zu Gunsten der älteren Mechthild, der Begine von Magdeburg, sinken 'machen werden.

Anhang.
Aus der lateinischen Uebersetzung des fliessenden Lichtes der Gottheit. Cod. Bas. B. IX, 11 ff. 51—91.

1.

Incipiunt capitula libri qui intitulatur Lux divinitatis fluens iugiter in corda veritatis. f. 51ª. Folgt ein Verzeichniss der Capitel der 6 Bücher.

Prologus fratris Henrici lectoris de ordine fratrum predicatorum de institutione persone ad inchoandum librum. f. 52ª.

Legimus in libro iudicum quod Debbora etc. — — Sufficere debet omnino pro testimonio veritatis piorum credulitati fidelium eius, per quam hec scriptura innotuit,. sincera devocio et simplicitas columbina. Que a puericia innocentem et inmaculatam ducens vitam ·et in iuventute a domino premonita omnia que habere potuit reliquit exul in terra aliena degens in voluntaria paupertate. Tandem post multas tribulaciones in senectute vita sanctimonialium in Helpede assumpta et per annos XII. commorata omnium virtutum perfectione floruit, ut earundem testimonio conprobatur, maximeque caritatis, humilitatis, paciencie et mansuetudinis cultrix fuit. Super omnia autem contemplacione suspensa et divinarum illuminacionum et revelacionum particeps effecta plurima secretorum dei misteria do preteritis, presentibus et futuris prophetico spiritu digna fuit a domino percipere. Nunc a sponso virginum assumpta virgo sancta ipso perfruitur quem amavit, cuius caritas mirabilis suam multis decoravit miraculis dilectricem.

2.

De fratre Heinrico lectore qui compilavit librum istum. f. 67ᵇ.

Frater Heinricus dictus de Hallis lector Rupinensis admiratus de dictis et scriptis sororis Methildis tale ab ipsa recepit responsum: Magister vos miramini de scriptis meis, sed de vestra amiratione amplius ego miror. Ex corde tum vehementer doleo, cum ego indigna femina compellor scribere, quia verissimam cognicionem et limpidissimam contemplacionem nisi hijs verbis exprimere nequeo, que mihi videntur eterne valde improporcionabilia veritati. Interrogavi super hijs veritatis magistrum et dixit mihi: Interroga eum quomodo apostoli post tantam formidinem tam grandem acceperunt fortitudinem post acceptum spiritum sanctum. Iterum interroga ubi Moyses tunc fuerit, cum nil preter deum videret. Interroga etiam quomodo Daniel puer senes iniquos presbyteros de mendacio convicit et Susannam liberavit. Hic literatus et bonus vir, lector predictus, dicta huius Mehtildis omnia collegit et in unum volumen redegit ac in sex partes illud distinxit sicut legentibus nunc apparet. Huius animam soror Mechtildis, que postmodum supervixit, vidit in aspectu domini in celo librum hunc in manu tenentem et de ipso risu iocundissimo gloriantem. Per scripturam namque huius voluminis multa sibi premia comparaverat, quibus in conspectu sanctorum apparuit gloriosus.

3.

De negligencia prelatorum et peccatis subditorum et oblivione dei f. 62ᵇ.

Cum dominus noster Jesus, sicut promiserat, discipulos electos apostolos accepisset ad semetipsum, ut essent ubi ipse est, viventes sicut et ipse vivit in gloria, ceperunt lapsu temporis magistri ecclesie negligencius agere populusque immemor multitudinis miserie dei a mandatorum eius rectitudine oberrando deviare. At deus misericors, pater omnium nostrum, electorum suorum curam gerens, uno tempore duos quasi gemellos de sponsa sua sive ecclesia per graciam progenuit filios, fratrum suorum fidelium in salutem. Quos genitrix ecclesia uberibus de celo cum copiosa dulcedine, que exhauriri non potest plenius, fideliter enutrivit. Hec sunt duo testamenta, quibus omnes dei filii per matrem ecclesiam educantur. Huius matris gemini fratrum minorum et predicatorum ordines sunt, quorum radices et origines beatissimi Franciscus et Dominicus existunt. Heu que et quanta defecerunt, que isti patres fideliter servaverunt. Que quanto magis deficiunt, tanto infirmatur ordo et cicius deficiet. Tamen prius a patre fideli alter nascetur filius, qui suum populum non relinquit.

4.

De miserabili statu et detestabili vita eorum qui regunt ecclesiam, f. 68ᵃᵇ.

Dyadema sancte ecclesie splendidum, quomodo obscuratum est tetra fuligine fulgor tuus. Lapides tui preciosi, rectores doctoresque sanctissimi ceciderunt. Idcirco tuis perversis moribus infirmatur et scandalizatur plebs dei. Aurum tuum computruit in stercore viciorum, pauper effecta es nimis, non habens thesaurum preciosissimum caritatis. Exusta est et denigrata est super carbones in igne teterrime libidinis, sponsa, tua facies integerrime castitatis. Structura domus tue corruit subverso per superbiam fundamento profunde humilitatis. Ad nichilum redacta est et disparuit rectitudo veritatis tue et invenitur in labiis tuis mendacium et iniquitas falsitatis. Flores virtutum et honestatis cadentes emacruerunt in te et fructus tuus periit et perditus est de terra. O corona sortis dei, quomodo inclinata es et decor vultus tui deperiit! Jam non est in te facies neque decor neque remansit in te quicquam virium preterquam ruine tue occasio, clericalis videlicet iurisdictio, qua deum et electos eius impugnas, iustificans inpium pro muneribus et iusticiam iusti auferens ab eo. Propterea deus humilitare te disposuit venietque super te ulcio die qua nescis et tempore quo ignoras, quia hoc dicit dominus: Ego summi pontificis auriculam revelabo et tangam cor eius dolore zeli mei intrinsecus, eo quod ovium mearum pastores de Jerusalem latrones et lupi effecti sunt. Coram oculis meis mortificant crudeliter et devorant agnos meos. Oves maiores morbide sunt et languide eo quod eas a pascuis utilibus revocatis, et pasci in excelsis montibus et herbis virentibus inpie prohibetis, caventes minis et monitis ne sana doctrina et salutaribus consiliis virorum fide et scientia illustrium foveantur. Si quis viam ad infernos ignorans scire desiderat, turpium et depravatorum clericorum vitam et mores aspiciat, qui luxuria aliisque viciis dediti consuetudine nefaria sine obstaculo properant ad inferna. Quando vestimentum antiquum senescit, tunc utique deficit et frigescit. Oportet ergo ut novo pallio operiam et muniam ecclesiam sponsam meam. Hij sunt predicatores novissimi, quibus eam amiciens protegam adversus fallacias et malicias Antichristi. Tu ergo fili, pater patrum, summe pontifex, in terris vices meas gerens, hijs proficiendis studiose intendito, ut protelentur dies vite tue et gracia augeatur. Antecessores tui breviter transierunt quia voluntatis mee secretum consilium non impleverunt. Sic vidi papam in suis oracionibus existentem ibique audivi sibi ista dominum colloquentem.

5.
De impugnacione ordinis fratrum predicatorum f. 69ᵃ.

Orta est aliquando gravis persecucio quorundam fallacium doctorum aliorumque qui avaricie student peccatorum (am Rand Anno Dom. MCCLVI) adversus ordinem veritatis lucide predicatorum. Quibus ex intimis anime mee visceribus compaciens oravi dominum ut in ordine tam necessario statui ecclesie suam gloriam conservaret. Et dixit dominus ad me: quam diu eos tenere mee placuerit voluntati, inpossibile est eos per hominis cuiuspiam quantamcunque maliciam aboleri. Et dixi ad dominum: numquid mi domine usque ad consummacionem seculi manebit ordo iste? Et respondit mihi dominus: usque ad extrema tempora permanebit.

6.
Prophetia de fratribus nove religionis in extremo venturis. f. 69ᵃ.

Tunc exurgent homines nove religionis, qui istos predicatores sapiencia, potencia, pauperie et fervore spiritus superabunt, propter ultimam tribulacionem, que tunc ecclesiam perturbabit. Vidi eorum vitam, vestes et numerum copiosum. Duplici tantum utuntur indumento, quorum interior albi superior rubri coloris est, humanitatis Christi mundiciam et passionis eius similitudinem representans etc. Folgt die weitere Beschreibung ihrer Lebensweise — — Capita lavabunt estate in silvis cum aqua, in hyeme non, quia carent domiciliis. In omni loco sunt advene et hospites, non habentes domicilia. Argentum et aurum non habent absconditum, multa paupertatis incommoda sustinentes etc. (Am Rande: Isti venient Anno Domini MDL vel LX et XXX annis in pace predicabunt verbum dei. Postea veniet Antichristus).

7.

De filio imperatoris, primo magistro huius ordinis. f. 69.

Primus ordinis huius auctor erit filius regis Romanorum. Nomen eius interpretatur: Coram deo alleluia. Huic papa proximam tribuet potestatem, deinde voluntarie eliget et a papa suscipiet statum istum. Cum quo magni magistri vestientur imitantes ipsum nec erunt etate minores viginti quatuor annorum. Non assumunt alios nisi sanos et valde doctos. Oportet enim omnes sacerdotes confessores et electos esse doctores. Primus magister vocabitur Princeps, qui quartus fratrum procedet, quia fides in ipso precipue inpugnabitur. Tredecim ex se unum prelatum habebunt, qui custos appellabitur, et semper tertius procedet. Est autem magna eorum auctoritas, quibus nullus pontificum comparatur. In omni loco predicare, confessiones audire, missas celebrare eis interdicere nullus potest. In quolibet episcopatu septem erunt ex ipsis secundum septem spiritus sancti dona. In archiepiscopatu tredecim erunt iuxta formam conventus Christi. Rome triginta erunt, propter felix commercium vendicionis Christi. Jerusalem plures erunt quia occisus est ibi Christus.

— — Super stramina dormiant, laneum pannum album habentes super stratum et alium eiusdem coloris super se positum. etc. etc.

8.

De pacifico statu et tempore horum fratrum. f. 70ª.

Hic status sanctus stabit in pace bona per annos XXX, intra quos sic docebunt et illuminabunt ecclesiam quod propter simplicitatem ignorancie a fide divertere nemo oportet. Heu, heu, post hec consurget tribulacio. Veniens enim tunc Antichristus principes sibi agglutinabit seculares per aurum et lapides preciosos et per maximam falsitatem quam diligunt et sequuntur. Adherent ergo libenter excolentes eum tanquam deum et suum dominum, parantes ei ducatum et sigilla sua cum literis. Heu tunc veniens ad clerum inveniet per avariciam et per ingentem astuciam et vincet eos facillime et prosperabitur in tantum, quod episcopi et prelati alii pauci in ecclesia permanebunt. Tunc hij fratres sub periculo vite sue fidem catholicam predicabunt promittentes et dantes indulgentiam omnium peccatorum vere penitentibus vitamque eternam sine purgatorio perseverantibus in fide. Quia hij fratres sancte vixerunt, in populo multi cum eis martirium sortientur. Multi Judei et gentiles sensati fidem katholicam et baptismum suscipient ab eisdem. Hinc indignatur Antichristus graves angarias et minas ingerens hijs qui ad eorum sermonem accedunt. Beati qui tunc eos audiunt et assistunt. Tunc dividentur boni a malis. se et sua periculo exponentes. Tunc nuncij Antichristi venientes predicatorem sanctum transfigent ferrea phalanga propter doctrinam christianam, in qua oportet pendentem affligi ad terrorem et miseriam aliorum. Deferunt autem inter se sic transfixum ad spectaculum dolenter et flent pij, irrident et gaudent impij. Tunc in spiritu dei cantat: Credo in deum, et consolans fideles. Christiani, filii dei, omnes tunc sequentes eum capti tectis oculis flagellati ducentur sicut oves occisionis ad magnam aquam ubi decollati mergentur in flumine, ubi vero aqua non fuerit, in campis occidentur. Ordinat autem deus ut tegantur sanctorum oculi ne vanissimam malorum gloriam quam habent cum bestia intuentes moveantur ex humana fragilitate. Ipsum autem sanctum predicatorem sic mortuum statuunt in excelso in eo loco quo predicaverat et passus fuerat. Post hec qui fidem Christi voluerunt imitari erunt vivi martires et gloriosi sancti. Tanta est Antichristi inmanis potestas quod nullus ei poterit coequari. Cum papa plus non prevalet contra eum, ad fratres convertitur, quod et illi sustinens.

9.

De adventu Enoch et Elye. f. 70ᵃ.

Tunc in adiutorium illorum Enoch venient et Helyas, qui nunc in paradyso nutriti cibo quo Adam vesci debuerat si ibi permansisset — — —. In illa extrema tribulacione cum hij fratres confortantes populum electum omnes ad passionem perduxerint, ipsi plerique adhuc viventes restant. Quorum innocens tanta est tribulacio, quod eorum sancta promeretur oratio ut ad eos tunc primum deus mittat Enoch et Elyam, ut eos consolentur et educant de nemore, ut predicent et ad mortem preparent. Hij duo de paradyso egressi divine veritatis sapiencia pleni potenter Antichristum resistendo refellent. Ipsi plane ostendent ei unde sit, et cuius virtute signa faciat enarrabunt, et unde venerit, et quo fine sit consummandus. Videntes autem qui ipsum coluerunt, quia in reprobum sensum dati sunt, ut ipsum propter avariciam et concupiscenciam suam pro deo colerent, convertentur viri nobiles et speciose mulieres, qui a fide recesserant — — —.

Folgt nun ein nicht überschriebener Abschnitt vom Tode des Elias, dann die Abschnitte De morte Enoch, De statera in manu Christi, Alloquitur anima corpus suum resurgendo, womit der dritte Theil der lateinischen Uebersetzung schliesst.

10.

Liber de civitate infernali et fundamento et constructoribus. f. 86ᵇ.

Vidi civitatem horribilem et infelicem, cuius nomen est odium eternum, que in abysso profundissima constructa est ex lapidibus variis criminalium peccatorum. Lapis eius primarius superbia est, quem fundator eius primus Lucifer ibi collocavit etc.

11.

De locis inferni et inhabitatoribus eius. f. 86[b].

Huius civitatis tanta ac talis est perversitas, ut superiores sedes optineant inferiores et ignobiliores habeant mansiones. Lucifer in profundissimo inferni loco residet, suo scelere alligatus. De eius cordis spurcicia et horrendissimi oris cavea indesinenter peccata effluunt omnia, pene, dolores, scandala per que infernus, purgatorium .... mirabiliter cruciatur. In inferiori inferni loco est ignis tenebrae fetor et horror omniumque penarum genera, ibique Christianorum anime juxta sua merita disposite puniuntur. In media vero parte omnis est pena micior, in qua Judei secundum sua opera puniuntur. In suprema vero parte pena tolerabilior est, ubi gentiles malorum suorum recipiunt talionem etc.

12.

De cruciatibus singulorum viciorum. f. 86[b].

Tunc crudelibus manibus superbos principaliter rapiens sub suaque cauda deprimens dicit: non adeo in profundo dampnacionis sum mersus, quin immo adhuc vestre volo elacionis stulticie superfieri. Sodomite per collum eius ingressi in ventris eius tenebris retinentur. Inde cum expirat exeunt et cum respirat denuo revertuntur. Ypocritas in sinu suo collocat et horrendo ore deosculans sic alloquitur: vos consortes mei estis, nam et ego vane speciei colore superductus fui, per quem vos et omnes me sequentes sunt seducti. Usurarium semper rodit inproperans quod misericors nunquam fuit, et raptorem primus spoliat et agitandum et percuciendum sine miseria suis consortibus deputat. Fur ibi levatis sursum pendet pedibus lucerna factus demonibus, nec tamen clarius videtur. Qui hic fornicando coheserunt, illic coram Lucifero sic iacebunt, quorum si alter defuerit eius vicem demon supplebit. Infideles philosophi coram pedibus residebunt Luciferi, ut, quem coluerunt, confusi aspiciant, coram quo disputante et de eisdem concludente obmutescant. Avarum diro morsu devorat, quia semper habendi cupidus extiterat. Quem cum deglutiverit, per posteriora turpiter digerit. Viri sanguinum, occisores hominis, coram ipso perfusi sanguine astabunt et ignitorum gladiorum ictus a demonibus sustinebunt. Qui hic dira moventur invidia, eius erunt olfactoria ad nares pendencia. Qui crapule vacant et ebriētatibus, sitis ac famis arescent cruciatibus, ignitos rodunt lapides torrentesque bibent sulphuris, amara sumentes pro dulcibus. Piger cunctis doloribus onerabitur. Iracundus igneis flagellis atteritur. Joculator, qui vanitates provocat, amaras fundet lacrimas, eternas sustinens tristicias. Vidi fundum sub Lucifero inferni, saxum nigerrimum et durissimum, super quo civitatis huius consistit edificium in eternum. Et licet infernus inicium non habeat vel fundum, ordine tamen divino nec fundo caret nec profundo. Qui quomodo in se fremens sit et frendens qualiterve cum demonibus anime (Text: angeli) flagellentur, quis sit modus decoquendi vel assandi, quemadmodum fluctuent vel transnatent in illo fetore, igne, vermibus et luto, qualiter in sulphure et pice demergantur, nec ipsi nec aliqua creatura poterit enarrare.

13.

Nulla prosunt dampnatis remedia. f. 87ᵃ.

Cum auxiliante deo has penarum diversas miserias perspexissem, infirmatum est miserum corpus meum ex fetore et insueto (Text: consueto) calore adeo lesum, quod nec ambulare valui vel sedere et per triduum omnis humani sensus sic impotens permansi tanquam homo tonitruo fulminatus etc.